ГОСТИНАЯ

выходит с 1995 года

Годовой выпуск

2022

HC Publishing
Philadelphia, 2022

ISBN 978-0-9861106-8-9
ISSN 1076-691 X

СОДЕРЖАНИЕ

ОДЕССКАЯ СТРАНИЦА

Вера ЗУБАРЕВА. Древо русской литературы.

Колонка редактора

Не закрывая глаза на события, происходящие сегодня в мире, мы, однако, как журнал литературный, следуем принципам, сформировавшим большую русскую литературу, где превалирует духовное и философское в противовес сиюминутному, узкому, социально-политическому. «Война и мир», «Преступление и наказание», «Мастер и Маргарита», «Доктор Живаго» или даже «Один день Ивана Денисовича» остаются востребованными и по сей день в силу подобного подхода. Авторы этих и других произведений, составивших золотой фонд русской литературы, никогда не снижали планки, не шли по упрощённому пути, привлекающему массового читателя. А те, что шли, познали пик популярности и такой же стремительный спад и забвение.

Лицом к лицу лица не увидать… Это основной принцип большой литературы, умеющей дистанцироваться от злободневности во имя непреходящей актуальности. Не зря в своей нобелевской речи Солженицын заявил: «работа художника не укладывается в убогой политической плоскости, как и вся наша жизнь в ней не лежит».

Как только политика примешивается к литературе, истории или науке, получается чеховская осетрина с душком. Русская литература чутка. «Не потому ль что в высшем свете теперь являться я должна?», - вопрошает она всякий раз, когда время предлагает ей компромисс в обмен на признание сильных мира сего. И она отказывается от высшего света и адюльтера с сиюминутным, оставаясь верной своей традиции и ценностям. Именно поэтому звучание больших произведений не ослабевает с течением времени и сменой идеологий. Они – над идеологиями и направлены одновременно вглубь и ввысь, формируя древо русской литературы.

Зерно этого древа заронено «Словом», которое не утрачивает своего современного звучания и по сей день. И действительно, тема объединения разрозненных княжеств, погрязших в междоусобицах, тема разработки стратегии и тактики по объединению земель и многие другие вопросы, поднятые в «Слове», не устарели и продолжают волновать читателя. Решением их в «Слове» занимается Святослав, который намеренно приводит Игоря к славе, отметив в своём Золотом Слове его положительные качества наряду с отрицательными, осудив его за поспешность и, в то же время, воздав должное его самоотверженности и отсутствию стяжательских устремлений.*

Святослав осознаёт, что механическое присоединение земель не принесёт укрепления позиций Руси. Земли создают несомненное материальное преимущество. Однако без укрепления отношений между князьями оно может обернуться негативным фактором. Намёк на это содержится в образе реки Стугны, поглотившей «чужие ручьи и потоки», но не поправившей этим свою «худу струю», а только погубившей молодого Ростислава.

Установлению коалиции и посвящает мудрый Святослав остаток своей жизни.

Христианская нота, слабо прорывающаяся тут и там, неожиданно разрешается мощным заключительным аккордом за веру. В этом контексте возвращение Игоря в родные пенаты читается, как возвращение блудного сына, который «был мёртв» в стане язычников, «а теперь ожил». И это взрывает текст, потому что только в этот момент и осознаёшь, в чём месседж автора, показавшего, что никаких христианских убеждений у князей и близко не было, что все они пропитаны языческой ментальностью стяжательства и молятся на золотого тельца. Формально они христиане, но не усвоив сердцем христианских заповедей, они действуют ничуть не лучше, а порой даже и хуже язычников, не дававших обет Господу стоять на страже Его закона. Обирая ближнего своего, разоряя земли, они тем самым попирают основы христианства. Посему концовка «Слова» направлена не на прошлые походы, а на будущее. Она не о том, как было, а о том, как должно быть. Здесь певец перенимает эстафету у правителя и вводит новое измерение – духовное – в миссию объединения, поднимая объединение княжеств до уровня духовного единения.

Всё это и многое другое даёт пищу для размышлений и в дальнейшем способствует формированию менталитета и ценностей русской литературы.

---

*Зубарева В. К. «Слово о полку Игореве»: Новый перевод с комментарием. – М.:ЯСК, 2021. http://litved.com/docs/Vera-Zubarev-Prince-Igor-New-Translation-2021.pdf

Ефим БЕРШИН. Стансы

СТАНСЫ

1

Бог живёт на краю Иудейской пустыни у самых ног
молодой верблюжихи.
И её золотое тело,
как закатное солнце, на тёплые камни село,
освещая дорогу идущему.
Здравствуй, Бог.
Хорошо ли жить, отойдя от дела?

2

Сотворив из диких камней детей Аврааму,
или этот пруд за посёлком, заросший тиной,
этот лес, этот мир, и так завершив программу,
как влюблённый художник, оформив картину в раму,
отошёл от дел, наслаждаясь своей картиной.

3

Или этот мир достиг своего предела,
как багровое солнце, свалившееся за отрог?
Посмотри, как роща осенняя поредела,
как тоскуют поля, как почти что уже без тела
сквозняком вползаю на твой порог.

4

Жёлтый лист на плечо садится, как эполета,
и стекает к ногам, как скупая слеза – со щёк.
Здравствуй, Бог. Перепутаны все приметы.
Понимаешь, нынче в России украли лето.
Да и зиму украли. И много чего ещё.

5

Говорят, на Руси по-прежнему правит царь.
Потому и солнце стынет каменной киноварью,
зеленеет вода, и, вдыхая лесную гарь,
маршируют пииты, рифмуя земную «тварь»
с человеком и всякою прочей тварью.

6

Расползаются льдины. Клокочет рекой весна.
Но травой, что является из прошлогодней гнили,
из минувшей войны прорастает опять война,
и Твоя победа уже хорошо видна
из оттаявшей на ветру могилы.

7

Вдохновенно рифмуя любовь и кровь,
запевают солдаты, легко повинуясь жесту
командира смерти, живущего средь гробов,
и в прицел автомата, как меж двух верблюжьих горбов,
осторожно выцеливают новую жертву.

8

Это люди твои. Человеки. Земная пыль.
Беспокойные и разумные до блевоты.
Завывает дол,
и поёт на ветру ковыль,
отпевая леса, отпевая поля и воды.

9

Я живу наугад, обожжённый мятежным веком,
подавившись печатным словом, как коркой хлеба.
Хорошо, что не сделал птицей, а сделал ветром,
не частицей праха,
а частью пустого неба.

10

Неподвластный лжецу, продавцу, свинцу,
я крадусь по камням необъятной Твоей пустыни,
где ещё не забыта земная тоска по Отцу,
но уже проснулась земная тоска по Сыну.

11

Здравствуй Бог.
Твой закат, словно огненный глаз, горит.
И среди воспалённой тщеты и цепного страха
я уже устал за тебя творить
параллельный мир из земного праха.

12

Потому что из этого мира уходит ритм.
И огромный мой город – памятник лютой страсти,
беззащитен и гол, как стихи без рифм.
Я стою посреди земли, как последний Рим,
в непонятном своём, бескрайнем своём пространстве.

13

Аритмия. Январский зной. Августовский снег.
Спотыкается сердце, как азбука Морзе.
И спасительный взрыв зашифрован, как в Первом дне.
И о чём-то своём обреченно бормочет во сне
под брусчаткой Москвы бесконечное мёртвое море.

Вера ЗУБАРЕВА. Пророк постпушкинской эпохи.

О новой книге Ефима Бершина «Мёртвое море»
(Алетейя, 2021. 136 с. ISBN 978-5-00165214-4)

Большая поэзия отличается от малой не только глобальностью явно или подспудно затронутых тем, но и образом лирического двойника поэта (термин Ирины Роднянской) или, как его ещё принято называть, лирическим героем. В поэзии новичков или авторов средней руки поэтическое повествование скорее напоминает стихотворные излияния от лица самого автора. Писатель высокого калибра, будь то поэт или прозаик, генерирует, прежде всего, своего художественного двойника, который является не маской, а собственной художественной проекцией на художественное зазеркалье, в котором тени идей преображаются в живые образы. Это не он сам, хотя биографические моменты вполне могут присутствовать, и чем их больше, тем ближе повествователь к понятию «двойник». Но даже и в этом случае двойничество условно, поскольку, во-первых, автор не в состоянии выразить всего себя, а во-вторых, это не является его художественной задачей.

Поэзия Ефима Бершина отмечена яркими библейскими аллюзиями. Их постепенное разворачивание, особая интонация и энергетическое поле, собирающее их воедино, позволяет говорить о том, что устами его лирического двойника глаголет пророк, пропускающий картину мира через восприятие библейского времени. Здесь и движение по пустыне, и обращение к Ветхому завету, и размышления о Творце и Его заповедях.

Море – форточка неба, которую выбил Бог.
И свобода – уже не свобода, а пепел Завета.
Я влачусь по пустыне уже за пределом свобод,
за пределом любви, за пределом пространства и света.

Обнаружение параллелей собирает под определённым углом зрения происходящее в современном мире, расставляя акценты и задавая вектор движения по метафорической пустыне. Она, с одной стороны, смыкается с пустыней пушкинского пророка, а, с другой, с темой выхода из Египта, но уже на новом витке, открывающем изнаночность природных явлений, в которых прозревается их неприродная сущность. Так, звук – это шофар, свет это Свет, снег это манна небесная.

Наизнанку развернутый свет.
Наизнанку развернутый звук.
Это снег. Это новый завет.
Это снова куда-то зовут.
Это манна засыпала двор
и дома, и мою колыбель.

Никто не распознаёт этих знаков, кроме пророческого двойника, от глаз которого не ускользает лицевая сторона изнаночной обыденности, где «ободранный нищий, похожий лицом на Давида, / в переходе метро допевает последний псалом», где «из раскрытого тома сквозит бесполезный завет» и «лишь в сквозную дыру от пробитой гвоздем ладони / можно вечность увидеть и прочий нездешний свет».

Обе реальности – земная и неизречённая – движутся в неэвклидовом пространстве «Мёртвого моря», накладываясь друг на друга и образуя единое библейское время. Библейское в книге проступает и сквозь автобиографические эпизоды, и как приметы исторического периода, восстанавливая неявную связь времён и поколений.

Три ошибки войны, по ошибке оставлены жить
в этом маленьком городе, там, где по воле Господней
вечным Жидом назначен был каждый расстрелянный жид,
под стволом автомата встававший на край преисподней.
....
На руинах страны догорел окровавленный век,
что охотился так, как за дичью охотится лайка.
Только ветхая память осталась, сухая, как Ветхий Завет.
Только три старика. И суббота. И «тум-балалайка».

В этом пространстве происходит смыкание России и Иудеи (раздел «Четвёртый Рим»).

Пустыня.
Иудея.
Жжет хамсин.
Пришествие мессии.
Смерть идеи.
Свержение мессии.
Стынет синь
российская
под небом Иудеи.
И – в клочья имена и времена.
Горят костры.

И брат идет на брата.
Гуляет Иудейская война
по переулкам старого Арбата.
Рыдают окна в Гефсиманский сад.
Москва исходит нищими и псами.
И странники теснятся у оград,
взрезая мрак библейскими глазами.

При этом мы имеем дело не с духовной поэзией как жанром, а с поэзией постпушкинского пророка. Поэт, наделённый пророческими качествами, оказывается в ситуации, когда он сам не может до конца постичь тот мессидж, который должен донести. Ему открыта только часть. Он отмечает Присутствие, сквозящее между строк житейской бренности, но он не в состоянии выполнить завет «виждь и внемли», поскольку мессидж ему невнятен:

Меня прислали сказать вам, что он не придет,
Но мне самому не сказали, что он не придет.
«Он не придет», – хожу я и всем говорю,
не замечая, что дело движется к октябрю.

Что-то в этом от «В ожидании Годо» Беккета, хотя совсем необязательно, что это навеяно его пьесой. В конце концов, мы все находимся в общем поле понятий и образов, созданных до нас или в одно время с нами, но это не означает, что поэт непременно отталкивается от прочитанного, а не найденного им самим. Абсурдистская ситуация стихотворения созвучна пьесе абсурда Беккета, но выступает контрапунктом лейтмотива ожидания. В контексте книги, это читается как трансформация пушкинского пророка в полупророка. История Иосифа в Ветхом завете как нельзя более наглядно демонстрирует разницу. Иосиф не только видел вещие сны, но и умел их толковать, в отличие от своих сокамерников и фараона, который тоже видел подобные сны, но разгадать их не мог.
Лирический двойник в поэзии Бершина наделён способностью видеть, но лишён способности трактовать. Он несёт бремя полудара, сеющее смятение и в его собственной душе, и в душе тех, кто ждёт от него разъяснений. От такой половинчатости сумятица только усиливается.

В постпушкинском пространстве возрастающей энтропии духа, где «пастухи и пророки навечно ушли из пустыни», пророк нового времени мечется, как умалишённый, не в силах собрать воедино обрывки посланий.

Стынет трубач в подъезде. Спит виолончелист.
Снова врастает в ветку желтый опавший лист.
Музыка заблудилась. Кто не придет? К кому?
Ум уже неподвластен собственному уму.

Перед нами разворачивается очень драматичное повествование не об отсутствии пророка в своём отечестве, а о его половинчатом даре как отражении общей ситуации в мире, освободившемся от пут верований. Не складываются части паззла, не складывается и диалог с Господом.

Так и стоим под ослепшим дождем
южного полдня.
Словно чего-то по-прежнему ждем.
Господи, вспомни!
Сам меня выбрал и сам не узнал,
и никогда не узнаешь, похоже.
Я ничего Тебе не доказал.
Ты мне – тоже.

«Мёртвое море» - книга о мире, где небо меняет знак с духовного плюса на бездуховный минус, обворовывая, а не одаряя. Мире на грани нового потопа. Мире неопознанных знамений. Мире, в котором «стучи да отворится» уже не работает.

Вороватое небо крадется в закрытую дверь,
то вселенским дождем, то дверною цепочкой звеня.
Бьется голубь в стекло. Неопознанный раненый зверь
причитает в ночи: «Это я, это я, это я».

Чем это оборачивается для мира?
Потерей связи Творца и творения, вселенской аритмией («Аритмия. Январский зной. / Августовский снег. / Спотыкается сердце, как азбука Морзе»), наступлением мёртвого моря («И о чем-то своем обреченно бормочет во сне / под брусчаткой Москвы бесконечное мертвое море»), губительной ролью Демиурга, которую самонадеянно взял на себя человек.

Здравствуй Бог.
Твой закат, словно огненный глаз, горит.
И среди воспаленной тщеты и цепного страха
я уже устал за тебя творить,
параллельный мир из земного праха.

Завершается книга апокалиптической каденцией поэм о наступлении «нечеловеческой эры», среди которых «Поэма распада» наиболее показательна.

И расползалась по Москве,
как трехголовая Химера,
пристегнутая к голове
нечеловеческая эра.

Книга Ефима Бершина – несомненная удача. И не только для автора, но и для читателя – выходца из мёртвого моря нашей эпохи.

Виктор ЕСИПОВ. «Царь» или «Князь»?
К истории публикации стихотворения «Анчар»

Известны два пушкинских автографа стихотворения, черновой и перебеленный, под последним стоит авторская дата: 9 ноября 1828 года. А впервые стихотворение опубликовано в «Северных цветах на 1832 год» в конце 1831 года под названием «Анчар, древо яда». Опубликовано в следующей редакции:

В пустыне чахлой и скупой,
На почве, зноем раскаленной,
Анчар, как грозный часовой,
Стоит – один во всей вселенной.

Природа жаждущих степей
Его в день зноя[1] породила
И зелень мертвую ветвей
И корни ядом напоила.

Яд каплет сквозь его кору,
К полудню растопясь от зною,
И застывает ввечеру
Густой прозрачною смолою.

К нему и птица не летит
И тигр нейдет – лишь вихорь черный
На древо смерти набежит
И мчится прочь, уже тлетворный.

И если туча оросит,
Блуждая, лист его дремучий,
С его ветвей, уж ядовит,
Стекает дождь в песок горючий.

Но человека человек
Послал к анчару властным взглядом:
И тот послушно в путь потек
И к утру возвратился с ядом.

Принес он смертную смолу
Да ветвь с увядшими листами,
И пот по бледному челу
Струился хладными ручьями;

Принес – и ослабел и лег
Под сводом шалаша на лыки,
И умер бедный раб у ног
Непобедимого владыки.

А Царь тем ядом напитал
Свои послушливые стрелы
И с ними гибель разослал
К соседям в чуждые пределы.

В первом стихе последней строфы (33 стих) – «Царь» в отличие от текстов чернового и перебеленного автографов, где было «князь». В собрании стихотворений Пушкина 1832 года (часть третья), вышедшем 31 марта того же года[2], возвращен вариант автографов 1828 года.

Не многим более полутора месяцев до этого, а именно 13 февраля 1832 года[3], вышли из печати «Стихотворения из "Северных цветов 1832 года"» Пушкина, где повторена редакция «Северных цветов». История и статус этого издания подробно рассмотрены в недавно вышедшем комментированном издании того же названия [4].

Таким образом, на протяжении трёх месяцев «Анчар» был опубликован трижды, но в двух разных вариантах: два раза «Царь» и один раз «князь».

По этому поводу в советское время развернулась острая полемика. Так, Н. В. Измайлов[5] настаивал на варианте черновых автографов, а Д. Д. Благой[6] считал, что нужно руководствоваться публикацией в «Северных цветах».

В третьем томе 16-томного Полн. собр. соч. Пушкина (1937 –1949) «Анчар» дан со словом «князь» в первом стихе заключительной строфы. Однако в дополнительном 17-м томе (1959 год) указано, что стих 33 стихотворения «Анчар» следует печатать по «первой публикации стихотворения» в «Северных цветах»: «царь» вместо «князь»[7].

В 10-томном Полн. собр. соч. под редакцией Б. В. Томашевского, напротив, сохранен первоначальный вариант: «князь», а не «царь».

Таким образом, вопрос о том, как все-таки должна публиковаться первая строка заключительной строфы «Анчара», до сих пор остается открытым.

Не менее интересным и важным представляется вопрос: почему при публикации в «Северных цветах» «князь» оказался заменен Пушкиным на «Царь»?

По мнению идеологически заряженных комментаторов советского времени, рассматривавших творчество Пушкина в отрыве от важнейших фактов его биографии, именно это позволяло видеть в «Анчаре» «одно из величайших созданий гражданской лирики Пушкина»[8], имевшее «важнейшее значение для определения общественно-политической позиции Пушкина в годы после разгрома декабрьского восстания»[9] – так писал Д. Д. Благой.

В унисон с ним А Н. П. Смирнов-Сокольский считал, что в публикации стихотворения «Северными цветами» со словом «Царь», обнажалась «политическая сущность одного из самых смелых и вольнолюбивых стихотворений Пушкина»[10].

На самом деле, если исходить из биографических сведений об отношениях поэта и императора в 1831 – 1832 годах, политический выпад в адрес Николая I со стороны Пушкина представляется совершенно невероятным.

Дело в том, что личность и деятельность императора импонируют Пушкину в эти годы, а порой вызывают искреннее восхищение, как например, приезд царя в холерную Москву в конце сентября 1830 года, чтобы морально поддержать москвичей, быть с ним в эти трудные дни (см. анонимно опубликованное пушкинское стихотворение «Герой»). То же во время холерного бунта лета 1831 года в Петербурге.

Так, в письме Нащокину от 26 июня 1831 года, сообщая о бунте, Пушкин пишет: «Государь сам явился на месте бунта и усмирил его. Дело обошлось без пушек, дай Бог, чтоб и без кнута» (14, 181).

О том же и еще более пафосно сообщается П. А. Осиповой в письме от 29 июня 1831 года: «Государь говорил с народом. Чернь слушала на коленях – тишина – один царский голос как звон святой раздавался на площади» (14, 184).

И в дневниковой записи от 26 июля 1831 года находим сообщение о холерном бунте в военных поселениях Новгородской губернии: «Государь говорил с депутатами мятежников, послал их назад <…> и обещал к ним приехать. "Тогда я вас прощу", – сказал он им. Кажется, всё усмирено, а если нет еще, то всё усмириться присутствием Государя»[11].

Доверительность в отношениях поэта с царем подтверждается и их личным общением – напрямую или через Бенкендорфа. В виду затруднительного материального положения Пушкин обращается к Николаю I с просьбой разрешить ему издавать «политический и литературный журнал» или, что «более соответствовало бы» его «занятиям и склонностям» – уточняет Пушкин – «заняться историческими изысканиями» в архивах и библиотеках дворца с целью написания истории Петра I. В письме от 21 июля (или около этого числа) 1831 года он пишет: «Если Государю Императору угодно будет употребить перо мое, то буду стараться с точностию и усердием исполнять волю Его Величества и готов служить ему по мере моих способностей» (14, 256).

Любопытно, что в письме Нащокину, (14, 196-197) от того же числа, о занятиях историей Петра I сообщается уже как о решенном деле: «…зимою зароюсь в архивы, куда вход дозволен мне Царем». И тут же Пушкин добавляет, что царь с ним «милостив и любезен»[12].

То же и в письме Плетневу от 22 июля 1831 г. (14, 197-198) – Пушкин пишет, что царь взял его «в службу», дал жалованье, открыл архивы и, вообще, «очень мил» по отношению к нему.

При этом частично процитированное письмо Бенкендорфу явилось лишь бюрократической формальностью: вопрос о работе в архивах был уже решен Николаем I. Пушкин еще до этого письма встретился с царём на прогулке в Царском Селе и обсудил возможность получения доступа в архивы для написания упомянутого исторического труда[13].

Плетнев письмом от 25 июля 1831 года (14, 199) восхищается тем, что царь «балует» Пушкина, Глинка письмом от 28 июля (14, 200) просит «предстательствовать» за него перед царем[14]. То есть Пушкин окончательно воспринимается друзьями и знакомыми как человек приближенный ко двору.

Интересен и важен для наших дальнейших рассуждений и следующий эпизод из царскосельской жизни Пушкина летом 1831 года. Николай I, так же находящийся в это время в Царском Селе, интересуется его стихами «Клеветникам России», и посылает за ними к Жуковскому, о чем Жуковский сообщает в своем письме от второй половины (не ранее 16) августа 1831 года (14, 208) Пушкину и предлагает ему переписать стихи и для императрицы. Значит, слух об этих стихах распространился среди патриотически настроенной публики по Царскому Селу, где находятся в это время и двор, и Пушкин, и Жуковский[15].

Как известно, Вяземский назвал эти стихи Пушкина «шинельной поэзией», и действительно, пушкинская позиция по поводу Польского восстания 1830 – 1831 годов полностью совпадала с официальной. Но не в связи с близостью ко двору и желания соответствовать политической линии двора, –пушкинская позиция по польскому вопросу проистекала из его собственной концепции истории России. И здесь он был государственником и даже, по определению Георгия Федотова[16], «певцом империи».

С учётом всего перечисленного утверждения советских пушкиноведов о существовании злободневного антимонархического подтекста в «Анчаре» выглядят надуманными.

Совершенно прав был Н. В. Измайлов, утверждавший, что

стихотворение не содержит политического подтекста: «...мрачное и загадочное творение Пушкина, – „Анчар, древо яда“ – этот таинственный образ, порожденный в далеких пустынях Востока, прошедший на пути к творческой обработке его нашим поэтом через истолкование науки и поэзии Запада»[17].

То же провозглашается и в другом месте его исследования. «Пушкин старался придать ему (стихотворению «Анчар». – В.Е.) вполне конкретные, этнографически-локализованные черты, выдерживая в духе восточной легенды, а не отвлеченной аллегории»[18].

Эта же мысль увенчивает исследование Измайлова:

«Проблема судьбы, проблема отношения человека к роковым силам, движущим мир, – лежат ли они за пределами человеческого сознания или воплощаются в государственной необходимости, – всегда мучительно занимала Пушкина. 1828 год особенно был наполнен тяжелыми думами об этой проблеме, воплощенными в «Воспоминании», в «стансах о жизни» («26 мая»), и в других вещах. «Анчар» – одно из выражений раздумья о ней поэта – выражение грандиозное и трагическое, благодаря грандиозности и красочности образов»[19].

Глубоко обоснованную трактовку «Анчара» именно в этом ключе дал не так давно Валентин Непомнящий, который также рассмотрел «Анчар» в едином контексте с другими стихотворениями, такими, как «Пророк», «Поэт», «Близ мест, где царствует Венеция златая...», «Дар напрасный, дар случайный...». По утверждению Непомнящего, мир предстает в «Анчаре» полностью «обезбоженным», управляемым «властью смертной “природы” и обездушенной воли человека, совместно заменяющих Бога». «Анчар», по мысли Непомнящего, написан «не в тонах лирического разочарования (отсылка к стихотворению «Дар напрасный, дар случайный. – В.Е.), пусть самого отчаянного, а как страшная фантазия, своего рода антиутопия, – с холодным ужасом и подчеркнуто дистанцированно»[20].

Добавим к этому, что внешний антураж в «Анчаре» (в пустыне чахлой и скупой») в точности тот же, что и в «Пророке» («в пустыне мрачной»), при этом в «Анчаре» нет Бога, как это подчёркнуто Валентином Непомнящим...

Но вернемся к поставленному нами вопросу, почему при публикации стихотворения в «Северных цветах», «князь» был заменен Пушкиным на «Царя»?

Н.В. Измайлов в упомянутой работе считал, что «князь», исключал всякие побочные применения, возникающие при редакции «Анчара» со словом «Царь», и не позволял отвлечься от глубинного философского смысла стихотворения, что могло бы иметь место при другой редакции.

Но, с другой стороны, задумаемся, какое отношение может

иметь этимологически связанное со славянством (и Европой) наименование «князь» к Востоку? Никакого. Напротив, царями в славянской книжной культуре называются многие правители прошлого, в первую очередь, упоминаемые в Библии, запечатлевшей события из жизни восточных народов.

И вот летом-осенью 1831 года, готовя публикацию стихотворения в «Северных цветах на 1832 год», Пушкин решает заменить вынужденный в определенный степени (дабы избегнуть применений, нарушающих логический строй стихотворения), титул «князь», к тому же еще и необоснованный контекстом, на более подходящий и этнически достоверный в данном случае титул «царь». Он считает, что облечен, как это показано нами выше, достаточным доверием при дворе, чтобы у Николая I или у кого-то в его окружении возникли совершенно безосновательные, с пушкинской точки зрения, политические ассоциации, связанные со словом «Царь».

Однако публикация «Анчара» в «Северных цветах» на 1832 год совпала с рядом внутри политических и внешне политических событий.

Всё это обстоятельно рассмотрено в упомянутом в начале нашей статьи современном комментированном издании «Пушкин. Стихотворения из "Северных цветов" 1832 года.

Именно в конце 1831 – начале 1832 года III отделение начало уделять повышенное внимание печатной продукции и в том числе периодическим изданиям. Так, 7 февраля 1832 года датировано письмо Бенкендорфа министру народного просвещения К. А. Ливену о запрещении журнала Киреевского «Европеец».

В тот же день, 7 февраля 1832 года [21] Пушкину получил следующее довольно резкое письмо от шефа III отделения: ««Генерал-адъютант Бенкендорф покорнейше просит Александра Сергеевича Пушкина, доставить ему объяснение, по какому случаю помещены в изданном на сей 1832 год альманахе под названием Северные Цветы некоторые стихотворения его, и между прочим Анчар, древо яда, без предварительного испрошения на напечатание оных Высочайшего дозволения» (15, 10, курсив подлинника).

При этом, заметим, из всех стихотворений, опубликованных в «Северных цветах», названо в письме лишь «Анчар, древо яда», и, как станет ясно из дальнейшего контекста статьи, именно «древо яда» и насторожило Бенкендорфа.

Таким образом, Вопрос об «Анчаре» возник в ситуации ужесточения цензурной политики.

В ответном письме от того же 7 февраля[22] Пушкин оправдывается в том, что опубликовал стихотворение без царского согласия: «Я всегда твердо был уверен, что Высочайшая милость, коей неожиданно был я удостоин, не лишает меня и права, данного Государем всем его подданным: печатать с дозволения цензуры» (15, 10, курсив подлинника).

И в черновом письме Пушкина Бенкендорфу от 18 – 24 февраля 1832 года речь опять идет исключительно о цензуре и нелепых цензурных «подразумениях». В частности, категорически возражая против желания Бенкендорфа взять на себя (на III отделение) цензуру его стихотворений, Пушкин пишет: «Подвергаясь один особой, от Вас единственно зависящей цензуре – я, вопреки права, данного Государем[23], изо всех писателей буду подвержен самой стеснительной цензуре, ибо весьма простым образом – сия цензура будет смотреть на меня с предубеждением и находить везде тайные применения, allusions _и затруднительности – а обвинения в применениях и подразумениях не имеют ни границ, ни оправданий, если под словом дерево будут разуметь конституцию, а под словом стрела самодержавие» (15, 13-14, курсив подлинника).

При этом важно отметить, что начинается упомянутое черновое письмо с просьбы разрешить к печати «одно стихотворение»: «По приказанию Вашего Превосходительства препровождаю к Вам одно стихотворение, взятое от меня в альманах и уже пропущенное цензурой.

Я остановил его печатание до Вашего разрешения» (15, 13-14, курсив мой. – В.Е.).

Под стихотворением, конечно, имелся в виду «Анчар», а под «приказанием» Бенкендорфа – требование предоставить ему текст «Анчара».

Как и когда Пушкин ознакомил Бенкендорфа с текстом «Анчара» мы не знаем – письмо-то, частично процитированное нами, черновое. Но, заметим, что «Стихотворения из “Северных цветов 1832 года”», вышли из печати 13 февраля и «Анчар» опубликован там со словом «Царь» и под тем же названием, что и в «Северных цветах»: «Анчар, древо яда». По-видимому, небольшой тираж издания, предназначенный для распространения лишь среди друзей поэта, успокоил сомнения Бенкендорфа[24].

Следовательно, под изданием, упомянутом в черновом пушкинском письме, «печатание» которого Пушкин мог остановить, подразумевалось собрание стихотворений Пушкина 1832 года, уже подписанное в печать 20 января. К этому изданию мы обратимся чуть позже.

Что же касается переписки, черновое письмо от 18 – 24 февраля 1832 года, осталось в бумагах Пушкина, а Бенкендорф получил от него другое письмо, датированное 24 февраля, но совсем иного содержания:

«С чувством глубочайшего благоговения принял я книгу,

Всемилостивейше пожалованную мне Его Императорским Величеством. Драгоценный знак Царского ко мне благоволения возбудит во мне силы для совершения предпринимаемого мною труда и который будет ознаменован, если не талантом, то по крайней мере усердием и добросовестностию» (15, 14-15).

Дело в том, что 17 февраля с сопроводительным письмом Бенкендорфа Пушкину было доставлено, по указанию Николая I, в качестве личного подарка впервые в истории России осуществленное "Полное собрание законов Российской империи" в 55 томах»[25].

Подарок царя в момент нелицеприятных объяснений с Бенкендорфом об «Анчаре» позволяет предположить, что выговор за публикацию стихотворения без одобрения царя (только с разрешения обычной цензуры), скорее всего, явился личной инициативой Бенкендорфа или, во всяком случае, царь не придал этому факту серьезного значения.

А подарок царя Пушкину – еще одно подтверждение императорского благорасположения, особенно важного в существующей внешнеполитической ситуации, связанной с польским вопросом.[26]

Итак, издание собрания стихотворений 1832 года, уже подписанное в печать 20 января, было приостановлено Пушкиным.

А внешнеполитическая ситуация состояла в том, что в период Польского восстания 1830 – 1831 годов и после его жестокого подавления в начале осени 1831 года, Россия подвергалась в Европе ожесточенной критике, одной из центральных тем которой оказалась холера в русской армии, что убедительно исследовано А.А. Долининым в не столь давней его статье об «Анчаре»[27].

Автор обращает внимание на взаимосвязанность холерных бунтов в России (где в отравлении воды молва обвиняла поляков) с распространением холеры в Польше, которую заносила к ним русская армия, сплошь пораженная холерой. Польская и европейская пропаганда обвиняла Николая I в том, что он намеренно отправлял в Польшу зараженных солдат. Эти обвинения были поддержаны либеральными политиками и деятелями культуры Западной Европы, сочувствовавшими восставшей Польше.

«На фоне этой холерной топики совершенно закономерным представляется прямое уподобление Российской империи легендарному упасу, "древу яда", использованное видным английским поэтом и государственным деятелем Томасом Кембеллом»[28], – сообщает А.А. Долинин.

В ведомствах Бенкендорфа и Нессельроде не могли не обратить внимание на «подозрительное сходство "Анчара, древа яда" с антирусской риторикой Кембелла»[29] и других защитников Польши.

То есть, пушкинский миф об «Анчаре» по стечению обстоятельств неожиданно совпал с «антирусской риторикой» в Европе.

Вряд ли в Польше или в Европе успели прочесть пушкинское стихотворение, недавно опубликованное в «Северных цветах» на 1832 год, во всяком случае таких сведений мы не имеем, но факт остаётся фактом — содержание «Анчара» оказалось в определённой степени созвучным событиям Русско-Польского противостояния начала тридцатых годов XIX века.

Таким образом, претензии власти к «Анчару» были связаны с нежелательными конкретными применениями в совершенно ином направлении, нежели представлялось советским идеологически ангажированным пушкиноведам.

Поэтому автор «Клеветников России», по-видимому, не испытал никаких внутренних колебаний, давая распоряжение П. А. Плетневу, занимавшемуся изданием собрания его стихотворений 1832 года, внести в текст «Анчара» необходимые изменения: перед текстом стихотворения была введена дата 1828, часть заголовка «древо яда» перенесена в подстрочное примечание и «Царь» исправлен на «князь»[30].

Иначе говоря, как и в случае со стихотворением «Клеветникам России», позиция Пушкина в связи с «Анчаром» полностью совпадала с внешнеполитической линией власти.

При этом возникшая возможность политического применения содержания «Анчара» к Польским событиям, никак не соответствовавшая авторскому замыслу, убеждает нас в правоте Н.В. Измайлова, считавшего вариант стихотворения с «князем» предпочтительным по отношению к редакции стихотворения в «Северных цветах», где «князь» был заменен на «Царя».

В свете изложенного, окончательная редакция «Анчара», опубликованная в собрании стихотворений Пушкина 1832 года («князь», а не «Царь»), в полной мере отражает последнюю авторскую волю Пушкина, которую следует учитывать при новых изданиях этого стихотворения.

---

* опубликовано в 2021 в ВЛ, вып.1

ПРИМЕЧАНИЯ

1. Единственная публикация «Анчара», где вместо «гневом» читаем: «зноем».

2. Летопись жизни и творчества А. С. Пушкина в 4 т. Т. 3. М.: Слово, 1999. С.464.

3. Летопись жизни и творчества А. С. Пушкина в 4 т. Т. 3, С. 450.

4. См.: Пушкин «Стихотворения из "Северных цветов 1832 года"» под общей редакцией Дэвида М. Бетеа, М.: Новое издательство, 2016, С.5-32.

5. Измайлов Н. В. Из истории пушкинского текста «Анчар, древо яда» // Пушкин и его современники, вып. XXXI – XXXII, Л.: Отдел. Русского языка и словесности Академии Наук СССР, 1927, С.6, 9, 14.

6. Благой Д. Д. Творческий путь Пушкина (1826 – 1830). М.: Сов. писатель, 1967, С.180 – 202.

7. Пушкин А. С. Полное собр. соч. в 17 тт., Т.17, М.: Воскресение, 1997, С.30. В дальнейшем все ссылки даются по этому изданию в тексте: в скобках арабскими цифрами указывается номер тома и номер страницы

8. Благой Д. Д. Творческий путь Пушкина (1826 – 1830), с.159.

9. Благой Д. Д. Творческий путь Пушкина (1826 – 1830), с.180.

10. Смирнов-Сокольский Н. П. Рассказы о прижизненных изданиях Пушкина, С.302.

11. Пушкин А. С. Полное собр. соч. в 10 тт., Т. VIII, Л.: Наука, С.19.

12. Позднее, в письме от 3 сентября 1831 г. Пушкин вновь сообщит Нащокину эту новость.

13. Летопись жизни и творчества А. С. Пушкина в 4 тт., Т.3, М.: Слово, 1999, С.362.

14. См. Переписку.

15. Летопись жизни и творчества А. С. Пушкина в 4 т. Т. 3, С. 373.

16. Федотов Георгий Петрович (1886–1951) – русский религиозный философ.

17. Измайлов Н. В. Из истории пушкинского текста «Анчар, древо яда», С.4.

18. Измайлов Н. В. Из истории пушкинского текста «Анчар, древо яда», С.7

19. Измайлов Н. В. Из истории пушкинского текста «Анчар, древо яда», С.13-14.

20. Примечания к сихотворению «Анчар» // Пушкин А.С. Собрание сочинений, размещенных в хронологическом порядке, М.: ИМЛИ РАН, 2019, Т.VI, С.481.

21. В упомянутом современном комментированном издании «Стихотворения из "Северных цветов 1832 года"», сомнения.Н. П.

Смирноав-Сокольского относительно даты письма обстоятельно рассмотрены и отвергнуты как несостоятельные – см. С.23-25.
22. В письме Пушкина ошибочно поставлена дата 7 января: январь кончился, но Пушкин автоматически еще датирует письмо январем.
23. 8 сентября 1826 года во время личной встречи с Пушкиным во дворце Чудова монастыря в Кремля Николай I вызвался быть цензором Пушкина.
24. Так же воспринимается эта ситуация и в упомянутом комментированном издании Стихотворения из «Северных цветов 1832 года».
25. Официальное собрание всех действующих законодательных актов Российской империи, расположенных в тематическом порядке, впервые созданное при Николае I в 1826–1830 годах. Для составления этого собрания законов Николаем I в 1826 году было создано II Отделение собственной его императорского величества канцелярии, которое работало под неофициальным руководством М. М. Сперанского вплоть до 1830 года.
26. См.: Вогман В. М. Пушкин и Николай I. Исследование и материалы, М.- СПб.: Нестор-История, 2019.
27. Долинин А.А. Из разысканий вокруг «Анчара» - В кн.: А.А. Долинин. Пушкин и Англия. Цикл статей. М.: НЛО, 2007.
28. Долинин А.А. Из разысканий вокруг «Анчара», С.81.
29. Там же.
30. Пушкин «Стихотворения из "Северных цветов 1832 года"», С.28.

ВЕРА ЗУБАРЕВА. В поисках «встречного течения»:
метасюжет «Евгения Онегина»

*Предлагаемая статья является укороченной и упрощённой
версией большой работы, опубликованной в «Вопросах литературы»
(№1, 2022).*

*Опираясь на «Историческую поэтику» А. Веселовского, статья
интерпретирует метасюжет «Евгения Онегина» как историю
жанров. Круг ассоциаций, возникающий в связи с героями, их
развитие, череда перемен, происходящих с ними, рассматриваются
в свете эволюции жанра.*

Проблема подражания, возникающая в связи с образом главного
героя, является базисной. Вокруг неё разворачивается движение
метасюжета. Пушкин считал, что «подражание не есть постыдное
похищение – признак умственной скудости, но благородная
надежда на свои собственные силы, надежда открыть новые миры,
стремясь по следам гения, – или чувство, в смирении своем еще
более возвышенное: желание изучить свой образец и дать ему
вторичную жизнь» («Фракийские элегии…» [Пушкин 1962а: 150]).
Эту мысль процитировал и Веселовский, добавив, что «иных, менее
оригинальных поэтов возбуждает не столько личное впечатление,
сколько чужое, уже пережитое поэтически; они выражают себя в
готовой формуле. "У меня почти все чужое, или по поводу чужого,
и все, однако, мое", – писал о себе Жуковский» [Веселовский
2011: 406]. Такой подход Веселовского объясняется тем, что он, в
отличие от многих, «с бо́льшим доверием относится к способности
национального, "своего" противостоять влиянию, не отвергнув
"чужое", а усвоив его, претворив себе на пользу» [Шайтанов 2011:
42]. Это полностью совпадает с пушкинским ви́дением.
Метасюжет выстраивается по тем же принципам, что и сюжет,
и состоит из аналогичных элементов (экспозиция, завязка, развитие,
кульминация, развязка), но объектом его являются литературные
тенденции, идейно-философские, эстетические и прочие тренды
этого рода.
Прежде, чем приступить к более развёрнутому ознакомлению
читателя с заключительными частями этой работы, кратко отмечу, что
в **метаэкспозиции** деревня рассматривается как своего рода мини-
модель столкновения «своего» и «чужого». В детально выписанную
атмосферу «русского духа» погружаются «денди лондонский»
Онегин, Ленский «с душою прямо геттингенской» и Татьяна,
воображающая себя «Кларисой, Юлией, Дельфиной».

Ленский и Онегин, которые в сюжете сошлись, как «стихи и проза, лед и пламень», в метасюжете олицетворяют антагонизм философии немецкой и французской, популярной в русской писательской среде. [Пушкин 1962а: 384]

В **метазавязке** мнимое соперничество Онегина и Ленского читается как соперничество жанров («В русской литературе < > "байронические" личности соперничали с мелкопоместными Вертерами, окончательно вытеснив из памяти читателей и Грандисонов, и Ловласов» [*Интернет-энциклопедия…*].) На именинах Татьяны столкновение жанров заканчивается победой байронического, что отражает его доминирующее положение в русской литературе первой трети XIX века.

Движение сюжета

С гибелью Ленского байроническая линия начинает двигаться бок о бок с линией Татьяны. Попытки героини примерить на Онегина модели поведения известных ей литературных героев аналогичны тому, как осуществляется процесс оценки нового в рамках известного. Онегин – еще не читанный ею роман. Она не понимает, по какому критерию оценить его. В библиотеке Онегина этот критерий открывается.

Литературоведы, отмечая работу Пушкина над различными вариантами книг в библиотеке, задаются вопросом, почему поэт остановился на последнем, где из авторов присутствует только Байрон, а остальное указано как «два-три романа». Одна из версий – включенные ранее книги «не имели прямого отношения к судьбе Татьяны, к сюжету пушкинского романа» [Рейфман 2001: 143]. Но в «Онегине» много чего не имело «прямого отношения» к судьбе героев и к сюжету, хотя Пушкин не скупился на детали.

Согласимся, что «два-три романа» звучит пренебрежительно, словно тут и говорить не о чем, тем более в сравнении с Байроном. С другой стороны, Пушкину важно не только то, какой у героя «тайный том» «дремлет» на полке, но и какой ракурс в книгах его привлекает. Пушкин делает выбор в пользу ракурса.

Судя по описанию, Онегина привлекали произведения рационального содержания с односторонне выведенными характерами и расставленными акцентами, «в которых отразился век / И современный человек / Изображен довольно верно / С его безнравственной душой, / Себялюбивой и сухой, / Мечтанью преданной безмерно, / С его озлобленным умом, / Кипящим в действии пустом».

Метафабула, двигавшаяся по пути сближения героя и героини, резко сменила вектор. Вместо ожидаемого «внешнего» сближения («внешний принцип идет от постулата о фабуле» [Веселовский 2010: 267]) происходит отдаление – поначалу в личном пространстве героев, а затем в пространстве географическом. В то же самое время начинается внутреннее сближение за счет проникновения одного из них в психологию другого. **Понимание психологии «чужого» важно для сближения его со «своим». Эта миссия возложена на Татьяну.**

В библиотеке Онегина вскрываются не столько особенности Онегина (о них мы осведомлены ранее), сколько Татьяны. До сего момента она воспринималась как эмоциональная и романтическая натура. В библиотеке начинают раскрываться ее незаурядные аналитические способности.

Обратим внимание на то, как Пушкин описывает процесс ее анализа психологии Онегина:

Хранили многие страницы
Отметку резкую ногтей;
Глаза внимательной девицы
Устремлены на них живей.

«Девица» названа «внимательной», а не, к примеру, страдающей или тоскующей, что было бы уместно. С первых шагов Пушкин меняет ракурс в ее описании с эмоционального на рациональный. Ничто не ускользает от ее взгляда. Татьяна не только обращает внимание на то, *что* отметил Онегин, но и *как* он отреагировал на прочитанное. Это помогает ей составить его психологический портрет.

Татьяна видит с трепетаньем,
Какою мыслью, замечаньем
Бывал Онегин поражен,
В чем молча соглашался он.

Согласимся и мы, что не каждому дается такое проницательное прочтение, «к тому же 17-летней, к тому же влюбленной» (из письма Пушкина к Вяземскому от 29 ноября 1824 года [Пушкин 1962b: 123]). Определенно, Татьяна обладает живым умом и интегральным мышлением, что и позволяет ей сделать нетривиальный вывод по поводу подражательности ее кумира. Это и в соответствии с ее прямой характеристикой в тексте: она была «от небес одарена <...> умом». «От небес» и означает – в высшей степени. Эта характеристика Татьяны появляется в III главе (строфа XXIV). Она предваряет письмо Татьяны, в котором, как подметила И. Роднянская, та же черта будет выделена самой героиней: *«Никто меня не понимает, / **Рассудок мой изнемогает...»** – говорит о том, что уже тогда она искала в своем адресате не только предмет романтической любви, но и собрата по* *интеллекту, в каком качестве новый знакомец ею угадан совершенно точно.* Это исключительно важный момент, в особенности с точки зрения проекции на будущее. Увы, несмотря на интеллект, Онегин так и не сумел понять, что перед ним не просто провинциальная девушка (а позднее – не просто блестящая красавица, объект всеобщего восхищения), а целый мир – глубокий, вдумчивый, тонкий.

В литературоведении принято считать, что изменения Татьяны происходят внезапно. [Чумаков 1996: 104]. Внезапность связана, скорее, с внешними переменами. Внутренние происходят постепенно, эволюционно, и поэтому их непросто заметить. Постепенность вообще свойственна природе Татьяны, что запечатлено и в ее облике («Она была нетороплива»). Таково и размеренное повествование русской литературы, в отличие от «быстрых повестей» западной.

В метасюжете Татьяна сближена с литературой, как ее видит Пушкин. В VII главе дается краткое описание реакции дочерей московской кузины Алины на только что приехавшую Татьяну: «Ее находят что-то странной, / Провинциальной и жеманной». Реакцию можно было бы отнести на счет характеристики героини или непонимания кузин, принявших искреннюю застенчивость за жеманство. Однако последнее определение переносит разговор в литературную сферу, где слово «жеманство» часто использовалось Пушкиным по отношению к литераторам. «Отчего происходит эта смешная стыдливость и жеманство, эта чопорность деревенской дьячихи, зашедшей в гости к петербургской барыне? Потому что нашим литераторам хочется доказать, что и они принадлежат высшему обществу (high life, haute société)…» («Опыт отражения некоторых нелитературных обвинений». Набросок к статье «Г-н Полевой, издатель…»).

В статьях и заметках Пушкина встречаем и «романтическое жеманство» («О поэзии классической и романтической», 1825), и «жеманство лжеклассицизма французского» («Письмо к издателю “Московского вестника”», 1827–1828), и «жеманство и напыщенность» критиков («О новейших блюстителях нравственности», 1830). Отсутствие жеманства – один из главных признаков большой литературы. «Вот настоящая веселость, искренняя, непринужденная, без жеманства, без чопорности» – пишет Пушкин о произведениях Гоголя («Письмо к издателю “Литературных прибавлений к русскому инвалиду”», 1831 [Пушкин 1962а: 88]).

«Без жеманства, без чопорности» предстает и Татьяна («Перед хозяйкой легкий вздор / Сверкал без глупого жеманства»), явно сумевшая обдумать реплики сестер. В этом раскрывается еще одна грань ее ума – способность к самоанализу и самосовершенствованию. «Кто напудрил и нарумянил Мельпомену Расина и даже строгую музу старого Корнеля? Придворные Людовика XIV» – саркастически отмечает Пушкин в статье «О предисловии г-на Лемонте...» (1825) [Пушкин 1962a: 14]. В «Онегине» он создает инверсию этих отношений: не свет «припудривает музу», а Татьяна смывает «румяна» со света, внося дух естественности и аристократической простоты.

Начиная с Л. Штильмана, многие литературоведы пишут о Татьяне-музе как «модификации авторской музы» [Чумаков 1996: 105]. Поначалу действительно кажется, что образ музы совмещается с Татьяной, наполняя сюжет особой поэтичностью, как это продемонстрировал в своем анализе Чумаков.

Тем не менее есть и различия между пушкинской музой и Татьяной.

В пушкинской модели «поэт и муза» лидирующую роль берет на себя поэт. Муза следует за поэтом, а не наоборот.

Поступки пушкинской музы продиктованы волей ее господина: «И вдаль бежал... Она за мной. / Как часто ласковая муза / Мне услаждала путь немой...» Ее метаморфозы отражают желания поэта. Она меняется в соответствии с его вкусом и «позабыла речь богов / Для песен степи, ей любезной...». «Ей любезной» не является противоречием. Пушкинская муза – ведо́мая, ей любезно то, что любезно поэту, и то, что ему по душе, становится и ее частью. Переход с одной формы повествования («я привел», «я отстал» и т. п.) в другую («ей нравится») говорит о нарастающем согласии между музой и поэтом. В один из моментов наивысшего согласия он и встречается вторично со своим героем.

Татьяна, напротив, наделена «волею живой, / И своенравной головой». Ее способность меняться – это одно из главных качеств и художественного двойника Пушкина, находящегося в постоянном развитии («Но я отстал от их союза / И вдаль бежал...). То же можно сказать и об авторе «Онегина» [Киреевский 1979: 53].

Эти свойства перенесены на Татьяну. Только недавно она с волнением ожидала реакции Онегина на свое французское письмо на фоне «Песни девушек», письмо, переведенное художественным двойником (намек на слияние художественного двойника Пушкина и Татьяны в единый образ пишущего), и вот уже сама слагает свою непритязательную, но душевную песнь на языке родных пенатов в дни прощания с ними:

«Простите, мирные долины,
И вы, знакомых гор вершины,
И вы, знакомые леса;
Прости, небесная краса,

Прости, веселая природа;
Меняю милый, тихий свет
На шум блистательных сует...
Прости ж и ты, моя свобода!
Куда, зачем стремлюся я?
Что мне сулит судьба моя?»

Песнь знаменует собой пробуждение духа народности в Татьяне как ипостаси русской литературы.

Подготовка метакульминации

Татьяна и Онегин сталкиваются в метасюжете как две антагонистические литературные школы, процветавшие на русской почве. В «Путешествии из Москвы в Петербург» Пушкин характеризует эти школы так:

Литераторы петербургские по большей части не литераторы, но предприимчивые и смышленые литературные откупщики. Ученость, любовь к искусству и таланты неоспоримо на стороне Москвы. Московский журнализм убьет журнализм петербургский.
Московская критика с честию отличается от петербургской. Шевырев, Киреевский, Погодин и другие написали несколько опытов, достойных стать наряду с лучшими статьями английских Reviews, между тем как петербургские журналы судят о литературе, как о музыке; о музыке, как о политической экономии, то есть наобум и как-нибудь, иногда впопад и остроумно, но большею частию неосновательно и поверхностно [Пушкин 1962а: 384].

Онегин «родился на брегах Невы». Татьяна, судя по всему, в Подмосковье.

Увлечение политэкономией, характер и воспитание Онегина в соответствии с тем, что пишет Пушкин о петербургской литературной среде того времени. Суждения «наобум и как-нибудь» перекликаются с «чему-нибудь и как-нибудь», а дилетантский «счастливый талант / Без принужденья в разговоре / Коснуться до всего слегка» перекликается с характеристикой петербургских критиков, высказывающихся о литературе «неосновательно и поверхностно».

Онегин, разумеется, не принадлежит к кругу литераторов, он просто продукт той атмосферы, из которой вышел. Именно она дала «смышленых литературных откупщиков» типа Булгарина. Сам Онегин тяготеет к произведениям, рассчитанным на массового читателя. Неслучайно на его образ отбрасывают тень «задумчивый Вампир, / Или Мельмот, бродяга мрачный, / Иль Вечный Жид, или

Корсар, / Или таинственный Сбогар». При этом не будем забывать, что Пушкин был петербургским литератором, основателем «Современника» и не только, а также создателем «петербургского текста», по определению В. Топорова. Последний, говоря о писателях этого круга, подчеркивал, что «и сам Пушкин, и те, кто шел за ним по "живому следу", – Гоголь, Лермонтов, Достоевский, Андрей Белый – были писатели непетербуржцы, и долгое время их главенствующая роль была несомненной» [Топоров 2003: 5–6]. Пушкинская Татьяна проходит этот путь, став в конце законодательницей петербургского салона. Она привносит в высшее общество те качества, которые ценил и развивал в литературе Пушкин.

В метасюжете диалог на рауте отражает спор автора и критики. Здесь появление художественного двойника Пушкина в окружении его героев ассоциируется с появлением в прессе очередной главы об Онегине с последующей дискуссией. Присутствие музы усиливает «литературную» ассоциацию.

Поскольку раут – в Петербурге, то речь о петербургских критиках, в числе которых Булгарин. Вопросы и ответы говорящих имитируют аналогичные вопросы-ответы из некоторых критических статей Булгарина:

Каков вам кажется «Онегин»? Что вы скажете об «Онегине»? – Вот вопросы, повторяемые беспрестанно в кругу литераторов и русских читателей <…> Но как *любопытство*, вероятно, столько же мучит читателей, как и нас самих, чтобы постигнуть, предузнать, кто таков будет Онегин, то мы, *теряясь в догадках и предположениях*, невольно остановились мыслью на *Чайльд-Гарольде…* (курсив мой. – *В. З.*) [Булгарин 1996: 300].

Ср.:

Кто он таков? Ужель Евгений?
Ужели он?.. Так, точно он.
…………………………
Скажите, чем он возвратился?
Что нам представит он пока?
Чем ныне явится? <…>
Гарольдом <…>?

Как видим, и в критике, и на рауте в центре внимания подражательная природа Онегина. Никого не интересует, кто кроется под маской, каждый хочет угадать лишь тип маски. Это в точности отражало уровень дискуссий по поводу «Онегина», сделанного по «образцу» «Гарольда».

Совершенно отличный подход к заимствованию предлагает Пушкин. В «Сочинениях и переводах в стихах Павла Катенина» он проводит различие между посредственным подражанием и творческим развитием «образца» по критерию «энергетической красоты»:

Она («Ленора». – *В. З.*) была уже известна у нас по неверному и прелестному *подражанию* Жуковского, который сделал из нее то же, что Байрон в своем «Манфреде» сделал из «Фауста»: *ослабил дух и формы своего образца*. Катенин это чувствовал и вздумал показать нам «Ленору» в энергической красоте ее первобытного создания; он написал «Ольгу»… (курсив мой. – *В. З.*) [Пушкин 1962а: 90].

К сожалению, никто из окружения поэта не приложил к «Онегину» те критерии, которые ввел сам Пушкин. Характерен отзыв Баратынского, адресованный Киреевскому (1832), который не решались «перепечатывать советские издания Баратынского; оно (письмо. – *В. З.*) опущено даже в специальном издании» [Бочаров 1985: 79]:

Читал ли ты 8-ую главу «Онегина», и что ты думаешь о ней и вообще об «Онегине», конченном теперь Пушкиным? В разные времена я думал о нем разное. Иногда мне «Онегин» казался лучшим произведением Пушкина, иногда напротив. Ежели б все, что есть в «Онегине», было собственностью Пушкина, то, без сомнения, он ручался бы за гений писателя. Но форма принадлежит Байрону, тон тоже. Множество поэтических подробностей заимствовано у того и у другого. Пушкину принадлежат в «Онегине» характеры его героев и местные описания России. Характеры его бледны. Онегин развит не глубоко. Татьяна не имеет особенности. Ленский ничтожен. Местные описания прекрасны, но только там, где чистая пластика. Нет ничего такого, что бы решительно характеризовало наш русский быт. Вообще это произведение носит на себе печать первого опыта, хотя опыта человека с большим дарованием. Оно блестяще; но почти все ученическое, потому что почти все подражательное. Так пишут обыкновенно в первой молодости из любви к поэтическим формам, более, нежели из настоящей потребности выражаться. Вот тебе теперешнее мое мнение об Онегине. Поверяю его тебе за тайну и надеюсь, что она останется между нами, ибо мне весьма некстати строго критиковать Пушкина. От тебя же утаить настоящий мой образ мыслей мне совестно (цит. по: [Рачинский 1899: 41–42]).

«Уж эти мне друзья, друзья! / Об них недаром вспомнил я...» Увы, во многих случаях уровень осмысления и традиционный подход не позволяли литераторам подняться до новаторства Пушкина. В 1833 году выход полного издания романа стал поводом для новых пасквилей. О Пушкине хулители говорили как о писателе «без мыслей, без великих философических и нравственных истин, без сильных ощущений», он «просто гударь» <...> Но и некоторые из тех журналов, которые раньше оценивали первые главы романа сочувственно, теперь писали о нем совершенно иначе, обнаруживая полную неспособность понять его новаторство [Мейлах 1984: 79].

Кульминация

Онегин как подражание являет собой «упрощенность духа и формы». Татьяна призвана влить в него «энергетическую красоту». Но как?

Общепринятая точка зрения сводится к тому, что «Пушкин показал нравственное возрождение личности Онегина через любовь» [Макогоненко 1982: 113], «захватившую все его существо, страстную влюбленность в Татьяну» [Благой 1959: 528].

Никто не станет отрицать роль страсти как стимула. У Онегина страсть была лишь первой ступенью к преображению. Поначалу он зажигается сюжетом встречи. Тут тебе и уездная девочка, некогда написавшая ему любовное письмо, и отказ, и смятение, и неожиданная встреча в высшем свете, где она уже блистательная светская львица. «Ужель та самая Татьяна...» Это как выброс адреналина в кровь. За этим следует схема поведения героя авантюрного романа, желающего, как в годы юности, «преследовать любовь, и вдруг / Добиться тайного свиданья...».

«Онегин восьмой главы не мыслит себя литературным персонажем» – считает Лотман [Лотман 1995: 456]. Возможно, если речь идет о конкретном литературном персонаже. Но если взять шире, то Онегин явно находится во власти сентиментально-авантюрного жанра, в стиле которого выдержано его письмо с типичными элементами сентиментальности и преувеличения. «Еще одно нас разлучило... / Несчастной жертвой Ленский пал... / Ото всего, что сердцу мило, / Тогда я сердце оторвал...»

Онегин пытается переписать прошлое, обставляя все так, будто речь идет о роковой случайности, разлучившей чуть ли не Ромео и Джульетту. На самом же деле он не любил ни дом своего дяди, ни уездную жизнь, ни соседей, от которых норовил сбежать с заднего крыльца. Уже на третий день пребывания в деревне «роща, холм и поле / Его не занимали боле». Да и семейство Лариных не произвело на него впечатления. Ему не от чего было «отрывать сердце». Все письмо пестрит банальностями:

> …Ловить влюбленными глазами,
> Внимать вам долго, понимать
> Душой все ваше совершенство,
> Пред вами в муках замирать,
> Бледнеть и гаснуть… вот блаженство!

Здесь без труда угадывается вульгарный романтизм, воспевающий подобным образом «все перипетии романтической любви» [Иезуитова 1969: 95].

Письмо Онегина знаменует собой коллизию двух жанров. Один – тот, в котором повествует художественный двойник Пушкина; второй – в котором повествует его герой. Разница такая же, как между реальностью и «обманами».

Читая письмо, Татьяна обливается слезами – не столько над самим письмом, сколько над прошлым, над пережитыми ею некогда сильными чувствами. Это эмоциональная память. В то же время перед нами Татьяна, прошедшая эволюцию, Татьяна, которая проанализировала Онегина и вынесла ему «приговор». Укор, кстати, сделан в той же форме, в том же риторическом ключе, что и ранняя догадка о сути Онегина (ср.: «Уж не пародия ли он?» – «Не потому ль, что мой позор?..»). И в этом, скорее, сомнение в глубине его чувства, чем утверждение.

Неоднозначное отношение Татьяны к Онегину по-прежнему связано с тем, что она видит в нем нечто большее. Хотя письмо не дает ей на то оснований – оно написано прежним Онегиным, еще не познавшим перемен. И тем удивительнее скачок от навязчивого желания встречи, одержимости, «безумства», в которое Онегин «глубоко погружен», к грезам, не имеющим ничего общего с тем, что кипит и бушует в нем.

«Превращения Онегина не могут быть восприняты как "этапы" и "ступени" (хотя каждое из них связано с предшествующими и в каком-то смысле всегда означает возвышение над ними)» – полагает В. Маркович [Маркович 1997: 18]. И он совершенно прав. Онегин как западный «образец» развивается скачком, а это действительно ближе к превращению, которое мгновенно по определению. Тем не менее читателю, прослеживающему подготовку к скачку, открывается, как кропотливо Пушкин формирует предрасположенность Онегина к изменению в пространстве Татьяны.

В самом начале их знакомства, «получив посланье Тани, / Онегин живо тронут был / <…> И в сладостный, безгрешный сон / *Душою* погрузился он» (курсив мой. – *В. З.*). В этом «погружении» заложен прообраз других «безгрешных» грез героя, о которых становится известно в последней главе.

В описании грез Онегина присутствует что-то гипнотическое, словно некто раскачивает шар, и подсознание мечет «пестрый фараон», воскрешая образы прошлого, лишь ассоциативно связанные с настоящим. В лишенные конкретики картины видений вкрапляются «ни с чем не связанные сны». Их непрагматическая направленность усиливает ощущение свободного полета. На уровне метасюжета здесь явно задается направление литературы, не обремененной фабульностью, сотканной из образов и отступлений, прямо не увязанных ни с конфликтом, ни с развязкой. Онегин, привыкший мыслить утилитарно, знающий, как «добиться тайного свиданья», «теряется в этом» многомерном пространстве грез («Он так привык теряться в этом, / Что чуть с ума не своротил»).

Преобразование органично интегрирует новый тип повествования с новым типом героя. На наших глазах рождается литература, в которой неискушенному читателю немудрено «потеряться» и к которой неприложимы доселе существовавшие критерии. И неважно, что это никак не сыграло в конце, что Онегин «не сделался поэтом». Вернее, важно, потому что Пушкин намеренно не связывает грезы Онегина с какой-то конкретной ролью в будущем. Иначе это противоречило бы принципам литературы действительности, основанной на внимании к внутреннему самосовершенствованию вне его прагматического приложения к конечной цели. Это типично кантовская «нецелесообразная целесообразность», придающая красоту произведению искусства и литературы.

«Глубина» – ключевое понятие в преображении Онегина. До сих пор она была открыта только страстям. В XXXVI строфе формируется духовное измерение. Вслед за упоминанием мечтаний, желаний и печалей, которые «теснились в душу *глубоко*», говорится, что «в них-то он / Был совершенно *углублен*» (курсив мой. – *В. З.*). Использование близко стоящих однокоренных слов подчеркивает важность параметра глубины. Если «безумства» делали Онегина сосредоточенным на конкретной цели, то духовная глубина освободила его от сиюминутного, событийного, переведя все в пласт прасознания, где «тайные преданья / Сердечной, темной старины, / Иль длинной сказки вздор живой» – все то, что ощущается как народность. Женское начало присутствует в этой иносказательной картине «угроз, толков и предсказаний», но оно возвышено до образа «девы».

Несомненно, это мир, «в который была погружена Татьяна и который явно противоречит знакомому нам облику Онегина» [Петрова 2013: 303]. Слияние подчеркнуто и сближением позиций обозревателей: картины проходят перед глазами Онегина, а «у окна» «сельского дома» сидит Татьяна.

Под воздействием «странных» мечтаний Онегин трансформируется в «новую идею», в сложное произведение, находящееся внутри еще более сложной художественной системы, в эпицентре которой «*она... и все она!..*».

Так Пушкиным формируется новый жанр – *литература действительности.*

Развязка

«Как роман в целом, так и каждый эпизод, равный, грубо говоря, главе, кончается "ничем"» [Лотман 1995: 441] – пишет Лотман вслед за Белинским, который пояснил, «что есть романы, которых мысль в том и заключается, что в них нет конца, потому что в самой действительности бывают события без развязки» [Белинский 1955: 469]. Продолжая разворачивать тезис Белинского, Лотман отмечает, что «эта "непостроенность" жизни – не только закон истины для автора, но и трагедия для его героев: включенные в поток действительности, они не могут реализовать своих внутренних возможностей и своего права на счастье» [Лотман 1995: 442].

Точка зрения на жизнь как на самотек не соответствует ни современным представлениям (в частности, общей теории систем [Зубарева 2011]), ни представлениям самого Пушкина, верившего в Божественное провидение и трактовавшего случай как механизм «мощного, мгновенного орудия провидения» («О втором томе "Истории русского народа" Полевого», 1830 [Пушкин 1962а: 324]). А то, что «жизнь не знает категорий начала и конца» и «не дает искусственно изолированной цепочки» [Лотман 1995: 435–436] иерархизированных событий, верно лишь при условии, что имеется в виду жизнь «как таковая». Как только переходишь в конкретный мир, там и иерархия, которая «включает в себя все фазы – от хаоса до полной упорядоченности» [Зубарева 2013а: 193–194], и «движение к единой сюжетной цели», будь то сватовство, женитьба или карьера, словом, все, что требует выбора направления, формирования промежуточных целей, и многое другое. Жизнь вмещает в себя все ступени от частичной до полной иерархизации. В противном случае в мире царили бы хаос и неразбериха.

В этом смысле «Онегин» начинается не «как произвольно вырезанный кусок произвольно выбранной жизни» [Лотман 1995: 436], а с того момента, который приводит героя в поместье Лариных. И открытая концовка, на самом деле, оказывается не столь уж неопределенной, если взглянуть на нее с позиций пушкинской концепции народности. Конечный выбор Татьяны знаменателен. Не выбор мужа, за которого она вышла в то время, когда «для бедной

Тани / Все были жребии равны», а выбор верности ему.

«С тех пор, как она хочет век быть верною своему генералу <...> ее прекрасный образ затемняется» – пишет Белинский В. Боткину 4 апреля 1842 года [Белинский 1955: 501]. «Своему генералу»... Белинский словно забывает, что генерал этот – герой, сражавшийся за отечество и получивший увечья. «Муж в сраженьях изувечен» – именно об этом. А вот «нас за то ласкает двор» еще и вносит опосредованно образ государя, усиливая значение фигуры генерала как защитника родины и трона государева.

Тема 1812 года самым непосредственным образом связана с романом, а именно – со скандалом вокруг VII главы, спровоцированным Булгариным «при помощи грубой передержки» [Гиппиус 1941: 239]. «18–19 марта 1830 г. выходит из печати седьмая глава “Евгения Онегина”, и в связи с этим 22 марта 1830 г. в “Северной пчеле” – № 35 – появляется статья Булгарина, в которой эта глава подвергается уничижительной критике» [Есипов 2021: 13].В «Торжестве дружбы…» Пушкин в полемике с Булгариным вновь противопоставляет Москву и Петербург, говоря, что Москва – «центр нашего просвещения», где «родились и воспитывались, по большей части, писатели коренные русские, не выходцы, не перемётчики, для коих ubi bene, ibi patria, для коих все равно: бегать ли им под орлом французским или русским языком позорить все русское – были бы только сыты» [Пушкин 1962a: 79].

Татьяна не просто «выбрала судьбу традиционную, вековую, народную, нянину» [Бочаров 1986: 154]. Она делает выбор в пользу ценностей «коренных русских», оставаясь верной тому, с кем повенчана, кто воевал за отечество и не позорил «все русское». В выборе Татьяны тема народности достигает концептуальной завершенности. Кроме того, концовка ознаменовала собой фазовый переход от жанра увлекательного, авантюрно-назидательного к жанру «действительности», где во главе угла не фабула с интригой, а вопросы развития и становления личности в поле своей истории и культуры.

Невзирая на открытую концовку, роман заканчивается очень и очень многим. Разговор о том, каково место литературы действительности в русской культуре и на мировой арене, состоялся.

Пройдя путь от увлечения западным романом до осознания своей самобытности, русская литература вступает в новую эпоху. «Британской музы небылицы» переходят в зону снов и мечтаний героев. Меняется тип повествования – от динамичного, захватывающего, полного коллизий, к размытому, статичному, со слабовыраженной фабулой. Это, в свою очередь, требовало другой техники чтения – медленного – и другого читателя. Даже в пушкинском кругу мало кто годился на эту роль. И не удивительно. Когда появляется что-то в единственном экземпляре, будь то научная теория или художественное произведение, оно поначалу кажется оторванным ото всего, что сделано прежде. Нужно время, чтобы достроить промежуточные ступени между общепринятым и новаторским. «Я читал недавно вторую главу Онегина в рукописи – не лучше первой: то же отсутствие вдохновения, та же рифмованная проза» – писал Языков в письме брату в 1825 году [Языков 2003: 412].

Мысленно погружая героиню в контекст западной культуры и давая предполагаемую реакцию на нее со стороны французов («Она казалась верный снимок / Du comme il faut») и англичан («Никто бы в ней найти не мог / Того, что модой самовластной / В высоком лондонском кругу / Зовется vulgar»), Пушкин в конце выстраивает образ «европейской общежительности» («О предисловии г-на Лемонте…»). В этом слышится вера в то, что новый жанр не будет стоять особняком, а станет достоянием мировой литературы.

После объяснения с Татьяной Онегин покидает ее, унося в сердце не модный сплин, а картины, увиденные «духовными глазами». Это блудный сын, который *был мертв и ожил*. Это литература, которая состоялась, получив заряд «энергетической красоты».

Татьяна же по-прежнему любит Онегина, как любят книгу юности, как любил Пушкин то литературное наследие, из которого вырос его «Онегин», чтобы заговорить своим голосом и заложить фундамент литературы действительности. Становление этой литературы немыслимо вне контекста культурного обмена, поскольку «ограниченность культурного горизонта – знак провинциализма и культурной потерянности» [Шайтанов 2010: 624].

ЛИТЕРАТУРА

Акимова М. В. Пушкин и Катенин (Необходимые уточнения) // Известия Академии наук. Серия литературы и языка. 1999. Т. 58. № 3. С. 76–79.

Бритенкова Л. В. А. С. Пушкин и Тула // Samovarmuseum.ru. URL: https://www.samovarmuseum.ru/arhivnye-tajny/pushkintula/ (дата обращения: 30.04.2021).

Белинский В. Г. Полн. собр. соч. в 13 т. Т. 7 / Ред. Д. Д. Благой. М.: АН СССР, 1955.

Благой Д. Д. «Евгений Онегин» // *Пушкин А. С.* Собр. соч. в 10 тт. / Под общ. ред. Д. Д. Благого и др. Т. 4. М.: Художественная литература, 1959. С. 513–554.

Бочаров С. Г. О художественных мирах. М.: Советская Россия, 1985.

Бочаров С. Г. Проблема реального и возможного сюжета («Евгений Онегин») // Генезис художественного произведения. Материалы советско-французского коллоквиума. М.: ИМЛИ, 1986. С. 143–155.

Булгарин Ф. В. «Евгений Онегин», роман в стихах. Сочинение Александра Пушкина. Глава вторая // Пушкин в прижизненной критике, 1820–1827 / Под общ. ред. В. Э. Вацуро, С. А. Фомичева. СПб.: Государственный пушкинский театральный центр, 1996. С. 300–301.

Веселовский А. Н. Разыскания в области русского духовного стиха. Вып. 5. СПб., 1889.

Веселовский А. Н. Избранное: На пути к исторической поэтике / Сост., послесл. и коммент. И. О. Шайтанова. М.: Автокнига, 2010.

Веселовский А. Н. Избранное: Историческая поэтика / Сост., послесл. и коммент. И. О. Шайтанова. СПб.: Университетская книга, 2011.

Гуковский Г. А. Пушкин и проблемы реалистического стиля. М.: Художественная литература, 1957.

Гинзбург Л. Я. О психологической прозе. Л.: Художественная литература, 1977.

Гиппиус Вас. Пушкин в борьбе с Булгариным в 1830–1831 г. // Пушкин: Временник Пушкинской комиссии. Вып. 6 / Отв. ред. Д. П. Якубович. Л.: Наука, 1941. С. 235–255.

Гусев Н. Н. Л. Н. Толстой. Материалы к биографии с 1881 по 1885. М.: Наука, 1970.

Есипов В. М. Переписка А. С. Пушкина с А. Х. Бенкендорфом. СПб.: Нестор-История, 2021.

Зубарева В. К. Чехов – основатель комедии нового типа // Вопросы литературы. 2011. № 4. С. 92–123.

Зубарева В. К. Настоящее и будущее Егорушки. «Степь» в свете позиционного стиля // Вопросы литературы. 2013a. № 1. С. 193–227.

Зубарева В. К. Перечитывая Веселовского в XXI веке // Вопросы литературы. 2013b. № 5. С. 47–81.

Зубарева В. К. «Повести Белкина»: литература «действительности» и маслит // Вопросы литературы. 2019. № 5. С. 183–229.

Зубарева В. К. Слово о полку Игореве: новый перевод с комментарием. 2-е изд, доп. М.: Языки славянской культуры, 2021.

Иезуитова Р. В. Пушкин и эволюция романтической лирики в конце 20-х и в 30-е годы // Пушкин: Исследования и материалы. Т. 6: Реализм Пушкина и литература его времени / Отв. ред. Б. С. Мейлах. Л.: Наука, 1969. С. 60–97.

Интернет-энциклопедия «Στέφανος: Русская литература и культурная жизнь. XX век» / Редкол.: А. М. Егоров, А. В. Злочевская, В. Г. Моисеева и др. URL: http://stefanos.philol.msu.ru/ (дата обращения: 10.01.2022).

Киреевский И. В. Критика и эстетика. М.: Искусство, 1979.

Кошелев В. А. «Альбом Онегина» и «X песнь»: (эпизод из творческой истории пушкинского романа в стихах) // Новое литературное обозрение. 2021. № 2. С. 267–322.

Кунин В. К. Жизнь Пушкина: переписка, воспоминания, дневники. В 2 тт. М.: Правда, 1987.

Лебедева О. Б., Янушкевич А. С. Германия туманная // Онегинская энциклопедия. В 2 тт. / Под общ. ред. Н. И. Михайловой. Т. 1. М.: Русский путь, 1999. С. 231–234.

Лотман Ю. М. Роман в стихах Пушкина «Евгений Онегин»: Спецкурс. Вводные лекции в изучение текста // *Лотман Ю. М.* Пушкин: Биография писателя; Статьи и заметки, 1960–1990; «Евгений Онегин»: Комментарий. СПб.: Искусство-СПБ, 1995. С. 393–462.

Лотман Ю. М. Пушкин. Биография писателя. Статьи и заметки. «Евгений Онегин». Комментарий. СПб.: Искусство-СПБ, 2003.

Макогоненко Г. П. Творчество А. С. Пушкина в 1830-е годы (1833–1836). Л.: Художественная литература, 1982.

Маркович В. М. Пушкин и Лермонтов в истории русской литературы. СПб.: СПбГУ, 1997.

Мейлах Б. С. Творчество А. С. Пушкина: Развитие художественной системы. Книга для учителя. М.: Просвещение, 1984.

Непомнящий В. «…На перепутье…»: «Евгений Онегин» в духовной биографии Пушкина. Опыт анализа второй главы // Вопросы литературы. 1987. № 2. С. 110–145.

Петрова Л. М. Онегин и Татьяна в финале романа А.С. Пушкина // Ученые записки Орловского государственного университета. 2013. № 4. С. 300–306.

Проскурин О. А. Поэзия Пушкина, или Подвижный палимпсест. М.: НЛО, 1999.

Пушкин А. С. Собр. соч. в 10 тт. / Под общ. ред. Д. Благого и др. Т. 6. М.: ГИХЛ: 1962a.

Пушкин А. С. Собр. соч. в 10 тт. Т. 9. 1962b.

Пушкин А. С. Собр. соч. в 10 тт. Т. 10. 1962c.

Пушкин А. С. Собр. соч. в 10 тт. / Под общ. ред. К. Н. Феноменова и др. Т. 7. Л.: Наука, 1978.

Рачинский С. А. Татевский сборник. СПб.: Общество ревнителей русского исторического просвещения, 1899.

Рейфман П. С. Кто такой Мельмот? // Труды по русской и славянской филологии. Литературоведение. IV (Новая серия) / Ред. Л. Киселева. Тарту: Tartu U-umllikooli Kirjastus, 2001. С. 126–155.

Роднянская И. Б. Автора образ // Литературный энциклопедический словарь / Под ред. В. М. Кожевникова. М.: Советская энциклопедия, 1987. С. 22–23.

Роднянская И. Б. Движение литературы. В 2 тт. Т. 1. М.: Знак;

Языки славянских культур, 2006.

Розанов И. Н. Ранние подражания «Евгению Онегину» // Пушкин: Временник Пушкинской комиссии. Вып. 2 / Ред. Ю. Г. Оксман. М.; Л.: АН СССР, 1936. С. 213–239.

Томашевский Б. В. Пушкин (1824–1837). В 2 кн. Кн. 2. М.–Л.: АН СССР, 1961.

Топоров В. Н. Петербургский текст русской литературы: Избранные труды. СПб.: Искусство-СПБ, 2003.

Тынянов Ю. Н. История литературы. Поэтика. Избранные труды. М.: Юрайт, 2019.

Фортунатова В. А. Безумие как форма сознания: К проблеме специфики пушкинского героя // Болдинские чтения 2016 / Отв. ред. И. С. Юхнова. Арзамас: Арзамасский филиал ННГУ, 2016. С. 51–58.

Чернский район: официальный сайт муниципального образования. URL: https://chern.tularegion.ru/city/general_information/ (дата обращения: 30.04.2021).

Чумаков Ю. Н. Княгиня – Татьяна – Муза // Концепция и смысл: Сб. ст. в честь 60-летия проф. В. М. Марковича / Под ред. А. Б. Муратова и П. Е. Бухаркина. СПб.: СПбГУ, 1996. С. 101–114.

Чумаков Ю. Н. Стихотворная поэтика Пушкина. СПб.: Государственный пушкинский театральный центр в Санкт-Петербурге, 1999.

Шайтанов И. О. «Историческая поэтика»: опыт реконструкции ненаписанного // *Веселовский А. Н.* Избранное: На пути к исторической поэтике. 2010. С. 621–648.

Шайтанов И. О. Классическая поэтика неклассической эпохи // *Веселовский А. Н.* Избранное: Историческая поэтика. 2011. С. 5–50.

Языков Н. М. Златоглавая, святая...: Стихотворения, сказки, поэма, проза, письма. М.: Русскій міръ, 2003.

Марина КУДИМОВА. Пушкин как вид нищенства.

Глава из книги «Кумар долбящий и созависимость. Трезвение и литература». – СПб.: Алетейя, 2021. С. 700

Дело происходит в электричке. Ничего удивительного. Электропоезд – единственная зона свободы (ничего себе сочетание!) жителя мегаполиса и пригорода. Время в дороге – единственное в полном смысле свободное время, присвоенное, украденное у жизненной обязаловки. Конечно, и тут есть свой мытарь – контролер. Но если ты взял билет, то можешь чувствовать себя почти счастливым и во всем правым. Поездные нищие давно классифицированы и распяты в гербариях газетных полос. Новизна жанра здесь – редкость. А где, собственно, она встречается чаще? Писать пора не о тех, кто просит, а о тех, кому и за что подают. Были такие грустные стихи: «Мы разучились нищим подавать». Разучились, потому что почти все – нищие. Подаем, потому что корыстны: самим, того гляди, завтра придется просить. Нищенство как профессия – не хуже любой другой. Но нет никаких гарантий, что профессия становится призванием с закономерностью перехода количества в качество. Впрочем, и этот постулат лично моя практика только опровергала. При всем старании никто не доказал, что люди, решившиеся на такой вид заработка, как протягивание руки (шапки, сумки, фибрового чемодана), изначально имущественно беднее крестьян эпохи 30-х, вдов образца 40-х, студентов целинных и залежных 50-х и т. д. Просто сегодня несоизмеримо больше материальных соблазнов, а побирушничество, моральное вымогательство – разрешено. Не законом, на который в России никто не обращает внимания, а путем саморазрешения. Мне можно, потому что мне плохо. Потому что я так хочу, и мне ничего за это не будет. Они – хотят, а мы им потворствуем. При этом, кто из нас является в социальном смысле низами, еще долго надо проверять методами математической статистики. А верхам сегодня до низов куда дальше, чем при царе-батюшке.

Конечно, бывают исключительные обстоятельства, толкающие человека к нищенству. Обокрали дочиста, дом сгорел, все родственники в одночасье примерли, немощь телесная поразила. Но абсолютное большинство нищенствующих, за исключением глубоких стариков, находятся в трудоспособном состоянии. Людей же мафусаиловых лет в этой касте – меньшинство: из них большинство – малоподвижны, до вокзала и не добредут.

Христианская система ценностей, по которой милостыня является благом для дающего: Всякое даяние доброе и всякий дар совершенный нисходит свыше (Иак.1:17) даже здесь не предполагает абсолютной безусловности. Есть даяние, которое не будет тебе на пользу, и есть даяние, за которое бывает сугубое воздаяние (Сир.20:10). Тем более существуют такие «условности» в вопросе «брания»: ...время ли брать серебро и брать одежды...? (4Цар.5:26); Даяние безумного не будет тебе на пользу; ибо у него вместо одного много глаз для принятия (Сир.20:14). Момент выбора, дар различения сегодня, возможно, как никогда, важнее самого факта доброхотного даяния: Сын мой! при благотворениях не делай упреков, и при всяком даре не оскорбляй словами. Роса не охлаждает ли зноя? так слово – лучше, нежели даяние. Поэтому не выше ли доброго даяния слово? а у человека доброжелательного и то и другое. (Сир.18:15-17)

В храм, где служит батюшка, которого я много лет знала в пору его мирской жизни, пришел бомж. Случай такого рода не первый и не последний, но очень характерный. Попросил не накормить – денег попросил. Батюшка сказал: «Вон стоят метлы и лопаты. Прибери двор – сядешь за общую трапезу». «Отверженный» мало того, что в храме Божьем изругался по матери, так еще и метлы с лопатами прихватил, уходя. Какой-никакой, а товар. Продажную стоимость имеет.

Даже если человек решился на отчаянный шаг – встать на углу и раскрыть ладонь навстречу нашему сочувствию, он через что-то должен в себе переступить независимо от степени отчаяния. Мог не переступить или не мог? Не нам решать, конечно. Но – все же... Нищие, работающие на московской железной дороге, при всем разнообразии масок строго делятся на «здешних» и «нездешних». Про «нездешних» уже сложены песни:

Поможите, пожалуйста вам... и т.д.

Но песни про них складывают другие люди – разной меры таланта. Сами же «пришельцы», в основном из стран СНГ, поражают прежде всего именно отсутствием всякого таланта, «волшебной силы песнопенья», толики фантазии и артистизма, которые необходимы для их векового ремесла. А если отдельно взять цыган, то именно артистизм исторически в высшей степени присущ этому воспетому Пушкиным племени. Но во времена Пушкина цыгане еще не монополизировали наркобизнес, не изменили контекст чудесной поэмы. Теперь они у ночных костров варят отнюдь не «нежатое пшено» «между колесами телег». И, коль скоро «колесами» в определенной среде зовут веселящие таблетки, а «телегами» – словесные последствия их применения, цыгане теперь мало где «находят гостеприимство и покой». «Презрев оковы просвещенья», потомки древних дравидов «шумною толпой» совершают партизанские рейды в тылы противника – вагоны метро и пригородных электричек. Почему «противника»? Потому что с такой презрительной беспардонностью относятся только к неприятелю, причем сломленному и поверженному. Который год на Киевской ветке партизанит одна и та же бригада. Я, почти ежедневный пассажир этой ветки, ручаюсь, что за этот срок в репертуаре труппы не произошло ни единого обновления. Все тот же заунывный припев: «Сами мы не местные...» Все тот же психологический прием: «Если не верите, вот наши документы». Однажды самый недоверчивый мужик не выдержал и вырвал кучу грязных бумажек из рук солистки. За спиной у него тотчас, как из сказочного ларца, выскочили два молодца в костюмах фирмы «Адидас» и ласково так приобняли маловера. Когда испуганный Фома вернул удостоверения несчастий владелице, и ее телохранители отступили в другой вагон, пиджак на мужике оказался симметрично порезан аккурат по лопаткам, точно давно набухавшие крылья наконец рванулись в рост.

Меня лично оскорбляет такое отношение! Я отказываюсь думать о социальной и этнической почве побирушничества. Если я и даю доброхотно, то не надо меня за дурочку держать! Я же прекрасно понимаю, что дело тут вовсе не в подлинной бедности, пауперизме, как говорили классики социальной утопии. Поэтому, будь добр, что делаешь, делай талантливо и обаятельно. Или «среда заела» и не дает отрепетировать какую-нибудь песню, кроме «Виновата ли я?» Или за столько лет нельзя научиться попрошайничать, не коверкая так немыслимо русский язык? Да можно было выучить арабский, суахили и мяо-яо! Сегодня средний житель черной Африки свободно говорит минимум на пяти языках. Партизанский отряд, промышляющий на участке Киевский вокзал – Наро-Фоминск, долгое время базировался в перелеске сразу за платформой, с которой я совершаю свои куда менее успешные вылазки в Москву. Партизаны загадили в поселке все колодцы, замусорили до неузнаваемости лес. Совершенно не стесняясь нас, аборигенов, по утрам к электричке резво бежала смена калек и расслабленных, толкая перед собой инвалидные коляски и, точно лыжи, неся на плечах костыли. И только когда начали одну за другой изводить собак в целях калорийного питания, аборигены взбунтовались и отказали им в «гостеприимстве и покое». Но самое интересное, что примитивная формула «спрос рождает предложение» действует в данном сегменте рынка безотказно! Ибо, если бы не подавали, то и просить бы перестали, как пить дать. У не подающих продолжают просить только не имеющие выбора.

Не собираюсь я сводить профессиональное нищенство ни к цыганам, ни каким бы то ни было еще народностям! Если цыганские взрослые не понимают, что цыганских детей надо отдавать в школы, а не эксплуатировать на базарах и в электропоездах, это проблема не национальная и не социальная, а экзистенциальная. Цыгане, не заботясь о грамотности своих детей, по крайней мере, не бросают их на вокзалах и не сдают в приюты. Славянских детей в электричках больше. Их взрослые посвящают в Орден Кирилла и Мефодия. То есть обрекают на немое брожение с однообразными слоганами, коряво написанными на тарных картонках: «Мама померла», «Папа бросил» и т.п. Эти рукописные своды едва ли составят в будущем новое «Слово о полку…» Вторую – сугубо взрослую и немногочисленную – разновидность отечественных побирал можно записать в приверженцы Ордена Станиславского и Немировича-Данченко. Только собираются (и побираются) они отнюдь не в «Славянском базаре». Это нищие не просто говорящие, но работающие в определенном амплуа. Бенефицианты, так сказать. Благородные отцы и матери, герои, резонеры. Не знаю, трудятся ли над их ролями режиссеры, или это – альтернатива советской художественной самодеятельности, но эхо мексиканских «мыльных» сериалов вкупе с шекспировскими страстями витает сквозь грохот колес на всех пригородных зонах России, природно богатой артистическими дарованиями.

Меня поражает безответственная отвага, с которой эти доморощеные драматурги повествуют о бедах, павших преимущественно на их ближних. Дети представителей Ордена основателей самой демократической театральной школы заживо сгорают в огне. Отцов и матерей господ артистов косят разномастные вирусы и инфекции. Благодарная, в общем, публика электричек как-то заметила одной такой экстатической сказительнице, для вящей убедительности потрясающей поднятым над головой младенцем, которому требовалась немедленная платная ампутация конечностей:

– Что ж ты его, больного, по вагонам таскаешь?

Замечу попутно, что от гиподинамии у кого хочешь ноги-руки атрофируются. А если тебя каждое утро накачивают маковым отваром для крепости сна, то и подавно мозги высохнут. Исполнительница, ни на миг не выйдя из образа, только подбавила трагических модуляций:

– Нам уже нечего терять!

То есть, по ее мнению, все средства хороши для отсечения члена, если таковая цель ведет к удорожанию продукта, – в данном случае, драматургии?

И все же подлинных талантов не так уж много. Пожалуй, единственный раз в рамках Ордена МХАТ мне встретилось железнодорожное дарование, достойное возгласа «Верю!» Возможно, «эффект присутствия» создавало действительно плачевное положение персонажа: это был старик, пусть и со следами бурной и непутевой жизни на лице, но старик, а не водевильно-мыльный «несчастненький». Прижав к груди замурзанную шапку, он остановился в раздвижных, вечно сломанных дверях, когда поезд уже тронулся, но пассажиры еще продолжали вваливаться. Сидя в последнем вагоне и зная емкость тамбура, иногда размышляешь, где же скапливается такое множество запоздавших, невольно приходя к умозаключениям сверхъестественного толка. Вваливающиеся неизбежно толкали расчетливо мешкающего в проходе старикана, который продолжал держать филигранную паузу, дабы все успели по достоинству оценить степень его бесприютности. Когда это, по его мнению, произошло, артист негромко, без малейшего нажима и надрыва произнес:

– Милостивые государыни и государи!..

О, волшебная сила искусства! Таким лишь по первой видимости бесхитростным методом он дал всем шанс почитать себя способными творить милость, как он сам якобы почитает. Засим трагик выдержал еще более насыщенную паузу, от которой не только Станиславский содрогнулся бы, но и его соратник Немирович окончательно расстался бы с Данченко в себе. После чего бродячий Эдмунд Кин-старший отчебучил нечто совершенно сценарно непредсказуемое, но свидетельствующее о безупречном знании почтенной публики, которая падка не только на лесть, но и на более тонкое психологическое воздействие. Он кинул бывшую шапку об пол, махнул рукой, потупился и сказал – любой глагол здесь был бы недостаточно ярким, посему остановимся на простейшем:

– Эх! Да что тут говорить…

Тьма его несчастий пала на наши потрясенные головы. Глубину этой бездны невозможно было вербализовать, втиснуть в рамки описательности. Зрители, едва сдерживая рыдания, полезли за кошельками.

Но почему, собственно, не предположить, что нам был явлен не феномен актерства, а подлинное, не замутненное корыстью бедствие старости и бездомности? Только потому, что мы давно смешали зрелище и жизнь как таковую и на представлении мюзикла аплодируем террористам, приняв очередь из «калашей» - для начала поверх наших голов - за режиссерскую находку? Только потому, что сердца наши очерствели, лишившись пленки целомудрия, как черствеет хлеб или сыр, оставленные на открытом воздухе? Нет, не поэтому, но потому, что Все вещи – в труде: не может человек пересказать всего; не насытится око зрением, не наполнится ухо слушанием (Еккл.1:8). Потому, что Труды праведного – к жизни, успех нечестивого – ко греху (Прит.10:16) А может, потому, что Дней лет наших – семьдесят лет, а при большей крепости – восемьдесят лет; и самая лучшая пора их – труд и болезнь, ибо проходят быстро, и мы летим (Пс.89:10). И все мы, молодые и старые, поддавшись соблазну «успеха нечестивого», возмечтали о легком хлебе – хлебе побирушничества. Но в тех же электричках я видела множество старых и немощных, не забывших про «пот лица». Не их вина, что только торговлей нынче можно заработать на хлеб. Не в храме они торгуют и не душу продают. И полетят они высоко, как птицы небесные, когда настанет срок их, и будет им сказано: …знаю дела твои, и труд твой, и терпение твое… (Откр.2:2)

Психиатры говорят, что профессиональные стереотипы

поведения из распадающегося сознания уходят последними. Шофер в приступе белой горячки давит ногу санитара, думая, что это тормоз. У женщин атавизмы профессии еще более устойчивы, чем у мужчин. Довелось мне видеть – и слышать – и такой «атавизм». И насытилось ухо мое «слушанием». Итак, в электричку, все меньше реагирующую на неместных и отставших, овдовевших и погоревших, входит на сей раз старуха…

Я бессчетно слушала чтение стихов. Я слушала их в Лужниках и Политехническом, на кухне и кладбище. Я по молодости и сама их читывала в разных местах, включая молочно-товарную ферму и плавбазу. Правда, всегда испытывала от этого неловкость. Старуха взялась обеими руками за держалку, приделанную к спинке сиденья. Чего угодно можно было от нее ожидать в плане способов выпросить маленько на пропитание. Чего угодно, а пуще всего – прибеднения, достоевщины этой склеротической, мармеладовщины самоупоенной. Старуха посмотрела в себя черными – сплошное антрацитовое яблоко – глазами и членораздельно выговорила: «Буря мглою небо кроет…»

Электричка еще не тронулась, еще не втюхали пассажирам всех бессмысленных товаров, на которые ни один зулус бы не польстился. Народ, однако, уже обжился, отпыхался, поклажу рассовал. Уже отдыхал народ. Старуха продолжала без запинки излагать текст, ставивший в тупик булгаковского Рюхина: «Что тут гениального – не понимаю!» Изложила про кровлю обветшалую (подумалось о том, что давно пора перекрывать крышу), про путника запоздалого (мелькнуло в голове, что хорошо бы пораньше возвращаться, а то боязно стало ходить). На этом пункте в вагон влетели чемпионы перронного пробега – парочка с мороженым и чипсами – и застыли в изумлении. Дошло силою вещей до «Выпьем, добрая подружка…» И тут дернулись, тронулись, поплыли относительно отстающего вокзала, перрона и всей этой заполошной жизни. Поехали – как будто Пушкин скомандовал, как Гагарин. Даже «осторожно, двери закрываются» где-то потонуло – во мгле кроющей, должно быть. «Выпьем с горя!..» – произнесла декламаторша, ничуть не смутившись таким предложением поэта. И тут встал мужик, не донеся до рта сосиску полированную, не умакнув ее в кетчуп цвета критических дней, не сглотнув русского йогурта, встал и сказал: «Ну, мать! Ты это…» И полез в карман, и старуха отозвалась со своей далекой стороны единственной нищенской фразой, вернее, украденной расшифровавшими все загадки на свете нищими профи у русской души: «Дай вам Бог доброго здоровья!»

Старуха была явно не в себе. В маразме она была. Ей щедро подали, и по законам жанра следовало переходить в другой вагон, в тамбуре переложив выручку за пазуху, с глаз долой. Нет, продвинулась подальше, дала выйти партии обитателей «спального» района, и продолжала урок. Потому что она, несомненно, была в прежней жизни учительницей. И профессиональный навык в ней залег в такие недра сознания, что и маразм его не тронул, не нашел, как хлеб, зарытый в период продразверстки. И сконцентрировался этот первичный — он же последничный — навык на Пушкине Александре Сергеевиче, угнездился в нем. Все ушло, рассеялось. Вполне возможно, она не помнила, как ее зовут и есть ли у нее дети. Учительницы про них, своих в смысле, и в лучшую пору часто забывают, сосредоточившись на чужих. Лев Толстой в старости путал имена сыновей и писал в дневник, что это не имеет никакого значения. А Пушкин остался в этой практически сданной крепости последним бойцом, самураем, гвардейцем: «Умираю, но не сдаюсь!», мол. Национальный гений превратился в ген, хранящий основание национального бытия, — язык. Здесь подобная апелляция не просто уместна — без нее не обойтись. Пушкин стал «языком», приведенным из разведки в подсознание. Почему-то старуха помнила только хореические стихи — с ударением на первой стопе: «Сквозь волнистые туманы...» Этот материал она давала сверхурочно, проводила дополнительные занятия с Рюхиным. А репетиторство сегодня — услуга платная. И никакого попрошайничества не было в помине. Стихами она «просвещала» затемненные зоны коллективного бессознательного. Потому что просвещение тоже входило в ее профессиональный комплекс. Нет, в Лужниках такого не бывало! Там демонстрировали себя, это был подиум, дефиле, где портные играли роль моделей.

И вот, когда дошло до «Что-то слышится родное...» — дошло до самых тупых, судорога узнавания продернула вагон. И женщина напротив меня закрылась руками и прогудела сквозь этот естественный рупор, сквозь волнистые туманы выступивших слез: «Какие же мы все...» И — «только версты полосаты» листали мутное окно негнучими пальцами.

Ирина РОДНЯНСКАЯ. Развилка: о природе фрагмента у Пушкина.

Памяти Валентина Непомящего

То, что я собираюсь ниже предположить (без претензий на «научную гипотезу», скорее – опираясь на анализ живого читательского впечатления), – по сути, маргиналия на полях разыскания Валентина Непомнящего об отношениях Пушкина и Мицкевича «Условие Клеопатры» («Новый мир», 2005, № 9, 10). Занимаясь, в связи со своей темой, композицией «Египетских ночей», автор пишет: это «тот случай, когда внешняя незаконченность – не незавершенность произведения, а важная черта его поэтики, притом наглядно демонстрирующая, что художник и его творческая воля – не одно и то же. Художник, быть может, и хотел бы, и намерен был продолжать, но его творческий гений не захотел: раз можно не завершать – значит, все сказано. После появилось понятие "открытой формы" – выражающей огромность не сказанного, его неисчерпаемость, невыразимость, непостижимость, тайну, - символизирующей последний шаг искусства, за которым молчание <…> Причины [по которым Пушкин оставлял работу] могли быть и бывали разные; и вот это-то составляет одну из самых значительных и влекущих материй среди тех, с какими имеет дело наука о Пушкине».

Тезисы эти несомненны, но подспудно взывают к дальнейшему размышлению. Во-первых, между *досказанностью* незавершенного (незачем и продолжать!) и *неисчерпаемостью* не сказанного («открытая форма») – между этими двумя «диагнозами» есть некоторое логическое противоречие. Нельзя ли, примиряя оба утверждения, предположить, что в знаменитых пушкинских «фрагментах» недосказанность не безбрежна и тайна их несостоявшегося продолжения, оставаясь тайной, не лишена неких подсказок к тому или иному ее постижению? И, во-вторых, нельзя ли среди всего, не завершенного поэтом, выделить группу созданий, отказ от продолжения работы над которыми имеет общую или сходную творческую мотивацию?

Помним, что Пушкин, бывало, отсекал уже готовые продолжения и финалы, заменяя поэтическую речь таинственным умоланием (умолчанием), – как это сделал он в «Воспоминании» и «Осени». Это не тот случай, о котором пойдет у нас разговор. И не тот, когда автора действительно не интересовала, не увлекала задача дальнейшего развития темы. В первой своей прозе – в «Арапе Петра Великого» (название, напомню, дано публикаторами) – Пушкин успел рассказать все для него важнейшее: представил панораму преобразовательных дел Петра и изобразил своего предка неотразимо обаятельным и европейски образованным сподвижником царя; тянуть же волынку с литературно банальной любовью боярышни и стрелецкого сироты ему, думаю, было скучновато – он и бросил. Аналогичный, хотя и более сложный случай: Валентин Непомнящий доказывает, что Пушкин успел выразить переполнявшую его и требующую разрешения внутреннюю коллизию в «оборванной» прозе «Египетских ночей» (отсылаю к вышеупомянутой статье «Условие Клеопатры»).

Но вот, есть по крайней мере три пушкинских вещи, где незаконченность, имея конструктивное значение, выводит читательское воображение за пределы фрагмента и ставит его не столько перед «невыразимой тайной» (что с нее, с тайны, возьмешь!), сколько перед дилеммой, от которой не так-то легко отделаться. Говоря детским языком, Пушкин здесь обрывает себя «на самом интересном месте» (вспомним свои ранние, отроческие впечатления от чтения), и трудно себе представить, что делает он это совсем уж случайно или в силу внешних обстоятельств. Не таково ли было намерение – если не самого художника, то (пользуясь различением Непомнящего) его «творческой воли»?

Эти три произведения, лишенные жадно взыскуемого финала, – «Русалка» (1832), «Сцены из рыцарских времен» (1835) и вариант стихотворения «Клеопатра» (1828), видимо, выбранный Пушкиным для включения в повесть «Египетские ночи» (1835), но являющий собой самостоятельное сюжетное произведение.

Вокруг «Русалки» сломано много копий. Помнится, В. Рецептер упорно доказывал, что это совершенно законченная пьеса, не предполагающая никакого «досказывания». Даргомыжскому, автору не только музыки, но и («по Пушкину») либретто оперы, тоже было все ясно, и князь у него в финале закономерно увлекаем на днепровское дно. Однако ясно не все. После «Русалки» Пушкиным написан на этот же сюжет «Яныш королевич» (не имея под рукой статьи Рецептера, не могу сказать, как он использовал этот факт в ходе своей аргументации); баллада, включенная в «Песни западных славян», не заимствована ни у Мериме, ни у сербских поэтов, а является оригинальным сочинением Пушкина (даже, как считается, с тем же косвенным, что и в «Русалке», автобиографическим мотивом). В «Песнях…», публиковавшихся при жизни автора, нет и не предполагается незавершенных звеньев, а между тем баллада как бы не имеет конца – того самого, предсказуемого «оперного», – она задумана *без* такого финала. Кроме того, сохранился поразительной силы «некрофильский» отрывок-вариант, где не князь оказывается на речном дне, а его мертвая возлюбленная выходит к нему на берег ради страстных свиданий: любит ли по-прежнему? или готовит изощренную месть? Короче, гибель князя не предрешена, хотя и вероятна. Все зависит от – мстящей или прощающей – воли жестоко обиженного им существа.

«Сцены из рыцарских времен» — по-шекспировски характеристичные и историософски блистательные – Пушкин вроде бы намеревался продолжать. Как известно, сохранился план; из него (да и без него) узнаем, что клята владетельного тюремщика: Франц останется в темнице, покуда стены замка не подымутся на воздух, – окажется иронически пророческой. Брат Бертольд изобретет порох, замок на воздух таки взлетит (сравните со сбывающимися пророчествами ведьм в финале «Макбета») и Франц, видимо, окажется на свободе, а муж Клотильды (должно быть, «рыцарь – воплощенная посредственность» из набросанного Пушкиным плана) погибнет. Но в плане ни словом не упомянуто о дальнейшем развитии отношений Франца и Клотильды, которыми Пушкин предусмотрительно интригует читателя в написанных сценах. Клотильда – виновница злоключений влюбленного в нее простолюдина оруженосца, он же поэт-миннезингер; но, наскучив браком, она вспоминает о лестном для нее чувстве певца-бунтаря в решительный для его судьбы момент и рада испросить для него смягчения участи и даже свободы (ее вторичная попытка вмешаться в дело не удается). Заключительная реплика Франца: «Однако ж я ей обязан жизнию!» – и следующая за ней строка отточия оставляют читателя, даже знакомого с пушкинской записью дальнейшего плана, в состоянии крайней заинтересованности. У этой любви двоих явно может оказаться будущее – если только Клотильда во «взрывной» ситуации преодолеет сословную спесь и об руку с возлюбленным решится вступить в новую эпоху огнестрельного оружия и книгопечатания. Но традиционные перегородки могут оказаться сильнее… Автор не предрешает ничего, умалчивая об этой линии в «запланированном» сюжетном разрешении «Сцен…».

Наконец «Клеопатра» – самый рельефный случай. Первоначальное осуществление сюжета – стихотворение 1824 года – трудно назвать незавершенным: вся поэтика его влечет к законченности. Комментаторы называют его «исторической элегией», и это действительно типичная по строю элегия пушкинского времени – с предвещающей продвижение к финалу сменой четырехстопного ямба шестистопным (а наконец и разностопным) и ощутимой интонационной кодой («…И молча долго им царица любовалась» – ср. разновременное у Пушкина: «…И ласковых имен младенческую нежность», «…И в детской резвости колеблет твой треножник»). Эпизод, заимствованный из античного сочинения, был тогда исчерпан этой застывающей на месте «живой картиной».

Четыре года спустя Пушкин, переведя все стихотворное повествование в режим четырехстопного ямба, резко меняет композицию – и с нею едва ли не смысл сюжета о Клеопатре. Царица теперь лишь на миг задерживается «грустным взором» на юном обожателе (хотя этот безмолвный мимический жест, конечно, значит очень много), а ее роковая мистериальная клятва, поменявшись местом с прежним, интонационно нисходящим финалом, перенесена в конец, - отчего сюжет обрывается (обрубается!) на невыносимо напряженной ноте: «Клянусь – под смертною секирой / Глава счастливцев отпадет». Соблазн додумать или дописать, «что было дальше», чрезвычайно велик. Но это не удается никому.

Прежде всего – не удалось самому автору. В прозаическом отрывке «Мы проводили вечер на даче…» Пушкин, возвращаясь к тексту 1828 года, вероятнее всего, приспосабливает его к намеченной в этой прозе фабуле – к драме, завязывающейся между молодым человеком Алексеем Ивановичем и «беззаконной кометой» – Вольской. Помимо орнаментальных подробностей он вводит в переделываемые стихи психологическую мотивировку «неслыханного» акта царицы: «Утомлена, пресыщена, / Больна бесчувствием она», – ей нужны предельные раздражители. Стихотворение, как кажется, от этого нововведения гибнет. Если раньше побуждения Клеопатры были окутаны тайной, возможно, выходящей за пределы ее личной судьбы и психологии («равенство» земнородных в любви и смерти как закон бытия) и, подобно античной трагедии, не нуждались в частных объяснениях, то теперь они оказываются сведены до житейского (пусть и в грандиозных декорациях) уровня. Немудрено, что Пушкин отставил эту переделку.

Следующим «дописывателем» стал, как все помнят, Достоевский – в 1861 году, в своем ответе «Русскому вестнику» в связи с полемикой вокруг дерзкого по тем временам публичного чтения стихов о Клеопатре некой дамой. Создается впечатление, что Достоевский увлекся анализом не столько «импровизации», включаемой в «Египетские ночи» (хотя цитирует он именно этот текст), сколько варианта, предназначавшегося для истории об Алексее Ивановиче и Вольской (отрывок «Мы проводили вечер на даче» был впервые опубликован в 1857 году и мог стать для Достоевского сравнительно свежим впечатлением). Клеопатра-демоница на закате античного мира, ожесточенного телесным развратом; Клеопатра – гиена, уже лизнувшая крови: «ей грезится теплый пар ее». «От выражения этого адского восторга царицы холодеет тело, замирает дух… и вам становится понятно, к каким людям приходил тогда наш Божественный Искупитель».

Достоевский (как и в прославленной Пушкинской речи) нажимает на религиозно-этические акценты, которые у Пушкина целомудренно не лезут в глаза. Но самое интересное, что он решительно додумывает пушкинский финал. Пушкин, замечает он, «на одно мгновение <…> очеловечил свою гиену <…> в гиене мгновенно проснулся человек, и царица с умилением взглянула на юношу. <…> Но только на одно мгновение. Человеческое чувство угасло, но зверский дикий восторг вспыхнул в ней еще сильнейшим пламенем, может быть, именно от взгляда этого юноши. О, эта жертва всех более сулит наслаждений!..»

Итак, Достоевский твердо *знает*, что именно произойдет в дальнейшем, – «паучиха» после соития непременно убьет юного любовника. Но Достоевский – достаточно произвольно трактуя клятву Клеопатры как результат ее демонического восторга по поводу особенно лакомой жертвы – между тем гениально прочувствовал поэтическую сверхценность этой «клятвы»: «Нет, никогда поэзия не восходила до такой ужасной силы, до такой сосредоточенности в выражении пафоса!» Он ощутил, что в этих строках – завязанный и не развязанный узел…

Валерий Брюсов, осмелившись гладкими стихами (которые пришлись весьма по вкусу Максиму Горькому) обрамить и дописать историю «Клеопатры и ее любовников», тоже *знает*, в каком направлении ей предстоит двигаться и каков должен быть ее финал. При этом его нечувствие к пушкинскому тексту поистине феноменально. Мало того, что эпикурейца Критона (другой полюс позднеантичного мирочувствия рядом со стоицизмом римского воина), «младого мудреца», филосфически предпочитающего краткое наслаждение долгой и скучной жизни, за которой последует та же смерть и безболезненное небытие, – мало того, что Брюсов превратил его в какого-то жалкого, унизительно не владеющего собой сластолюбца (хорошенькое представление об эпикуреизме!). Но, того более: уцепившись за «человечный» мотив, означенный «грустным взором» царицы, он приписывает Клеопатре попытку обманным путем спасти юноше жизнь. Как будто все дело в том, чтобы одурачить изготовившуюся к казни челядь, – а «боги грозного Аида» не в счет. С необъяснимым простодушием делая царицу клятвопреступницей, впрочем, даже не замечая этого, Брюсов, думается, на собственном примере демонстрирует, насколько декоративным было чувство мистического измерения бытия по крайней мере у некоторых деятелей Серебряного века.

В том-то, однако, и дело, что «Клеопатра» в изводе 1828 года обрывается на безысходной и вместе с тем ничего не предрешающей ноте. Языческая клятва сакральна и ненарушима; прибегая к ней, царица нарочито ставит себя выше «слишком человеческого» (как сказали бы после Ницше), вступает в область «божественного» произвола, но тем самым и жестоко себя ограничивает. Между тем сострадание и жалость, пробудившиеся в ней, диктуют ей иную стезю поведения. Конфликт может быть разрешен только чудом, не исключено – «богом из машины». Маятник качается между смертью и жизнью, и кто знает, в какой точке он замрет…

Остается подытожить. Неоконченные вещи, о которых шла речь,

имеют, как видим, ту общую черту, что всякий раз автор их замолкает в момент *развилки*. Он не хочет (не может?) двигаться дальше, как бы давая свободу и герою, и провиденциальному «случаю». Он не хочет торжества роковой детерминации и, когда она начинает диктовать ему логически наиболее вероятный исход, обрывает речь. Обрывает ее (если использовать на правах метафоры современный научный термин) в «точке бифуркации», когда ело заметного сдвига в сочетании обстоятельств достаточно, чтобы грядущее событие приняло тот, а не иной оборот. И не зависит ли этот сдвиг от того, возобладают или нет любовь и милость над жаждой мести, над спесью, над демоническим самообожествлением? Оставляемый шанс невелик, но автор побуждает нас им не пренебречь. Бывают же и такие развязки, как в поэме «Анджело», – быть может, Пушкин больше всего любил это свое, не имевшее успеха, творение за последнюю строчку: «И Дук его простил».

В 1987 году, в статье, опубликованной в № 1 «Нового мира» и касающейся западных интерпретаций Пушкина, мы с Ренатой Гальцевой по ходу дела замечали: «Думается, Пушкин часто потому предпочитал фрагмент, что дорожил возможностью выразить идею, не переводя цепь внутренних событий в соответствующий им ряд внешних происшествий. Он не ставит нас перед принудительным итогом, побуждая додумывать эмпирическую развязку того, что в глубочайшей реальности уже сложилось».

Представленная выше заметка, отталкиваясь от мыслей В.С. Непомнящего, является вместе с тем развитием и корректировкой этого давнего соображения.

Игорь СИДОРОВ. Из пушкинских будней

Весной 2021 года была завершена последняя книга «Хроники жизни и творчества А. С. Пушкина». Закончилась основная работа многих последних лет, и возникло ощущение опустошенности – что же дальше? – Пушкин умер. Через некоторое время понял, что не всё сказано. В течение работы над «Хроникой», к ее концу, я уже «жил» вместе с Пушкиным. Но это не могло войти в строгое научное издание. Так появились «иллюстрации» к отдельным дням его жизни.

ДВЕ ВСТРЕЧИ

Бряканье колокольчика то ли снилось, то ли слышалось.

Глухой удар – колокольчик забился резко…

Скрип ворот…

Кто?! Вдруг разрешение?! Нет, ночью не поедут. Но – кто?!

Отбросил одеяло, вскочил.

Который час? Глаз выколи.

Колокольчик прогремел мимо крыльца и замолк.

Натыкаясь на стол и кресло, как был, в одной рубашке, босиком, кинулся к двери… в коридор… Наружная дверь не поддавалась, забитая снегом.

Ругаясь, уперся в дверь плечом, и она сдвинулась, сгребая на крыльце сугроб. Ветер ударил в лицо колким снегом.

Из саней вывалился кто-то большой и, проваливаясь в снегу, бежал к крыльцу.

Проклятая темнота! Кто же это?

– Пущин! – крикнул – звуки застряли в горле. Хлынули слезы. Бросился навстречу, но Пущин успел добежать до крыльца и подхватить его.

* * * *

Дверь камеры отворилась, и вошел дежурный унтер-офицер.

– Есть здесь Иван Иванович?

– Есть, – откликнулся незнакомый ему мужчина. «Это – из тех, что сегодня привезли», – понял унтер-офицер.

– Извольте выйти на двор!

– Зачем?

– Надобно!

Надел арестантскую свою шинель, натянул шапку и рукавицы и, гремя кандалами, пошел за унтер-офицером. Оставшиеся в камере, молча, проводили их взглядами.

Вышли на крыльцо.

– Спрашивают вас.

Двор, заваленный снегом, был пуст.

— Вон, — унтер-офицер неопределенно махнул рукой.

— Иван Иванович, — послышался женский голос.

Оглянулся на сопровождавшего. Тот молчал.

Сошел с крыльца и, загребая снег кандалами, пошел на голос. Сквозь щели в частоколе разглядел женскую фигуру. Невозможно было узнать, кто это.

— Здравствуйте, сударыня!

— Здравствуйте! Вот, Иван Иванович, просили обязательно вам передать.

— Спасибо! — стянул рукавицу, чтобы взять листок, просунутый между лесин.

— Прощайте! — женщина быстро пошла прочь. Посмотрел в щель ей вслед, и что-то знакомое показалось в ее фигуре. «Не Муравьева ли?»

Стянул вторую рукавицу, сунул обе в карманы шинели и развернул сложенный листок.

Он не помнил уже, когда плакал в последний раз и плакал ли вообще, выйдя из детских лет.

Слезы катились по давно не бритым щекам, застывая на морозе.

Мой первый друг, мой друг бесценный!
И я судьбу благословил,
Когда мой двор уединенный,
Печальным снегом занесенный,
Твой колокольчик огласил.

Молю святое провиденье:
Да голос мой душе твоей
Дарует то же утешенье,
Да озарит он заточенье
Лучом лицейских ясных дней!

Перечитал несколько раз. Успокоившись, расстегнул шинель и убрал листок глубоко в карман арестантской куртки, проверил, чтобы никуда не выпал. Глубоко вдохнул морозный воздух, смахнул остатки слез, натянул рукавицы и пошел к каземату.

Унтер-офицер стоял на крыльце и смотрел на него.

Гремя кандалами, взошел на крыльцо, остановился.

— Спасибо, братец! Господом Богом это тебе зачтется.

Кое-как сбив снег с башмаков, Пущин толкнул дверь и вошел в каземат.

Над Россией мело. Снег сыпался на Михайловское, на Петербург, на Москву, на Читинский острог…

26 МАЯ 1829 ГОДА

Ужель и впрям, и в самом деле,
Без элегических затей,
Весна моих промчалась дней
(Что я шутя твердил доселе)?
И ей ужель возврата нет?
Ужель мне скоро тридцать лет?

А. С. Пушкин

Накануне от Коби, оставив коляску, отправился верхом вместе с полковником Огаревым. Тот осматривал дорогу перед проездом персидского принца.

Перевалили в долину Арагвы. Голые скалы Терека сменились покатыми зелеными склонами. Дорога стала шире. Можно было ехать рядом и разговаривать. Человек Пушкина ехал за ними, ведя в поводу лошадь, навьюченную двумя пушкинскими чемоданами.

Темнело. В горах темнеет быстро.

Огарев обещал Пушкину ночлег у Чиляева, здешнего начальника.

Всё ярче разгорался месяц, и ярче светилась россыпь звезд.

Дорога шла берегом Арагвы, спокойный шум которой был совсем не похож на рев Терека.

В Квешети приехали уже почти в полной темноте, но Огарев уверенно проехал к дому Чиляева. Хозяин вышел, услыхав, как они подъезжают. Был он без мундира, по-домашнему. Гостеприимно поздоровался с Огаревым. Тот представил ему Пушкина.

– Очень, очень рад. Проходите!

В доме засветились огни.

Расседлали и развьючили лошадей. Чиляевский слуга повел их к стойлам.

Чиляев что-то сказал по-грузински другому слуге. Тот подхватил один из пушкинских чемоданов и, махнув рукой, повел пушкинского человека с другим чемоданом вглубь дома.

В доме Чиляев каждому из гостей указал комнату.

На столе уже стоял подсвечник с зажженной свечой. Пушкин огляделся. Комната была скромно, по-спартански, обставлена, но было чисто. Постель, стол, два стула, шкаф для платья.

Снял шляпу, сюртук, жилет, развязал шейный платок, расстегнул ворот рубашки.

В дверь постучали.

Вошел слуга, неся таз и кувшин с водой. Через плечо было переброшено полотенце.

Поставив таз на стол, он подождал, пока Пушкин засучил рукава, и стал поливать ему из кувшина. Пушкин вымыл руки, умылся, смочил волосы... Хорошо!

– Спасибо, братец.

Тот ответил ему по-грузински, подал полотенце, потом полотенцем же протер забрызганный стол и вышел.

Пушкин подошел к раскрытому окну. Шумела Арагва. В ночном небе светились звезды.

Послышался голос Чиляева:

– Александр Сергеевич, прошу поужинать!

Ужинали жареной бараниной с пряной грузинской зеленью, запивая кахетинским вином.

Разливая вино из большой бутыли, Чиляев сказал:

– А что!? Ведь не хуже какого-нибудь сен-жюльена.

После ужина сразу разошлись по комнатам.

Пушкин лег и тут же заснул, не успев даже ни о чем подумать.

Проснулся с мыслью: «Вот и тридцать... Ужель мне скоро тридцать лет?... А вот они...».

Встал, открыл окно. Хорошо! «Благорастворенный воздух», как пишут любители сельской природы! Воздух и вправду хорош. Солнце уже освещает верхушки зеленых гор. Всё так же шумит Арагва.

В доме слышалось движение. Со двора тянуло запахом жареной баранины.

Завтрак был похож на вчерашний ужин: баранина, зелень, кахетинское.

Чиляев провел пушкинского человека на кухню и распорядился, чтобы его как следует накормили. Потом чиляевский слуга помог оседлать и навьючить лошадей.

Огарев остался у Чиляева ожидать персидского принца, который, по последним известиям, должен был сегодня здесь проезжать. Пушкину сказал:

– Поезжайте спокойно, Александр Сергеевич! Дорога здесь одна, не собьетесь, и здесь не балуют. До Пайсанаура верст двадцать будет. Там – пост. Смéните лошадей.

– Обратно будете ехать, милости прошу! Буду рад, – Чиляев дружески пожал Пушкину руку.

Утро было превосходное. Зеленая долина Арагвы радовала глаз.

Незаметно доехали до Пайсанаура. Опять расседлывали и развьючивали лошадей. Мимо, по дороге, позвякивая колокольчиками, прошел караван навьюченных мулов. Каждый из них был привязан к идущему перед ним.

За новыми лошадьми послали на пастбище. Надо было ждать.

Пушкин сказал человеку, что пойдёт вперед пешком. Пусть поведет его лошадь в поводу и догоняет.

Идти было легко. Дорога неприметно понижалась, следуя течению Арагвы. Она то приближалась к реке, серебром отблескивавшей на солнце, то отходила от нее.

Несколько верст шел, никого не встречая.

Расстегнул сюртук и жилет, снял шляпу, понес в руке. Это тебе не Невский проспект!

Подумал: вот она свобода! Ни петербургской толпы, ни московских тетушек. Усмехнулся – ни тебе голубых мундиров. В тридцать лет оказался на свободе! Подкинул шляпу, поймал её. И никому нет дела. Хорошо!

Впереди, на склоне, среди зелени показался остроконечный купол какого-то храма.

На одном из поворотов дороги увидел несколько стоящих экипажей и вокруг них русских и персидских всадников. Из передней коляски выглянул молодой, по-восточному красивый, человек и кивнул Пушкину, – вероятно, удивился, увидав человека в европейском платье, идущего пешком по этой дороге.

Пушкин кивнул в ответ и прошел мимо.

Около одного из экипажей возились несколько человек, очевидно, что-то поправляя.

Вдруг подумал, что лошадей-то в Пайсанауре могут забрать под принца. Но всё равно делать было нечего.

Вскоре дошел до Ананура.

На склоне долины над Анануром возвышались стены то ли замка, то ли монастыря с величественным храмом, остроконечный купол которого он видел издали.

Верст двадцать прошел, не меньше. Отдохнуть, подождать лошадей, зайти пока в духан, но вспомнил, что денег с собой нет. Кошелек упакован в чемодан. Не собирался в дороге ничего покупать. В кредит здесь не возьмешь. Присел на скамейку около духана.

Лошади не приходили.

Вышел духанщик.

– Господин дорогой, что на солнце сидишь? Заходи!

– Денег нет. Лошадей жду. Деньги – там.

– Заходи!

Пушкин зашел в полутемное помещение, пропитанное запахами кавказской кухни.

Духанщик обмахнул полотенцем стол, придвинул стул.

– Садись, господин дорогой!

Постелил на стол что-то вроде салфетки, положил ложку, принес стакан красного вина, горячую круглую лепешку и миску с густой мясной похлебкой.

– Кушай, господин дорогой! Такого харчо ни у кого не найдешь!

Пушкин положил шляпу на соседний стул, снял сюртук, повесил на спинку стула.

Похлебка была очень острая, но вкусная. Отламывал куски от лепешки. Запивал вином.

Усталость ушла.

– Хороший харчо?
– Очень вкусно. Спасибо!
– То-то!

Пушкин отколол от шейного платка серебряную булавку.

– Вот! Вместо денег!

Духанщик отступил на шаг.

– Господин дорогой, ты – мой гость. Какие деньги!

– Тогда – в подарок.

Духанщик сказал, что дальше по дороге будет Душет, уездный город.

– А далеко ли?

– Пешком не ходил, а верхом – не далеко. Но верст десять будет.

– Пожалуй, пойду. Спасибо за гостеприимство!

– Всегда милости прошу, господин дорогой… Только Душет, он не прямо на этой дороге, а в стороне. Там к нему своя дорога, но недалеко. Его видно.

Шлось опять легко – вниз по долине Арагвы. Глядя на зеленые склоны долины, невольно вспоминал голые теснины Терека.

Верст десять, пожалуй, уже прошел, но признаков города и ответвлений дороги не было. Начинало темнеть. Послышался лай собак. Может быть, в Душете? Или просто пастушеские?

Наконец, действительно, пошла направо дорога. Она уходила от Арагвы вверх по склону. Правда, в сумерках разглядеть вдали было уже ничего невозможно, но слышались звуки, говорившие о присутствии людей.

В гору идти было уже не так легко, да и пройденные версты давали о себе знать, но ничего другого не оставалось.

В свете яркого месяца впереди на дороге что-то блеснуло. Подошел – оказалась жидкая грязь. Какой-то источник пересекал дорогу и стекал по ней. Было скользко. Ноги проваливались в промоины. Хорошо, что в сапогах. Наконец, вышел на сухую дорогу. Впереди показались строения.

Было почти совсем темно, но спасибо месяцу!

У одного из ближних домов увидел мужскую фигуру, окликнул. Тот что-то ответил по-грузински.

Подумал: «Постоялый двор вряд ли есть… Город… Должен быть городничий».

– Го-род-ни-чий, – сказал раздельно. – Проводи. Заплачу.

Мужчина понял.

– Идем.

Дошли до дома, выделявшегося среди соседних строений. Как и другие, он стоял на склоне, и большая терраса, вроде балкона, окружала его, опираясь на столбы. В доме было темно.

Провожатый постучал в калитку и несколько раз громко крикнул. Наконец, на террасе появилась какая-то фигура и спустилась к ним. Несколько минут шло объяснение по-грузински на повышенных тонах.

Тем временем в окне засветилась свеча, и на террасу вышел, видимо, хозяин дома. Слуга, встретивший их, кажется, объяснил ему, в чем дело. Тот что-то кратко сказал, слуга отворил калитку и повел их на террасу.

Пожилой грузин в наброшенном на плечи мундире оглядел Пушкина, поздоровался по-русски и спросил, что ему угодно.

Понял, что это и есть городничий.

– Ночлег, стакан вина и абаз вот ему.

Городничий еще раз внимательно, насколько это было возможно в темноте, оглядел Пушкина, достал из кармана мундира кошелек, вынул монету и отдал пушкинскому проводнику, что-то сердито выговаривая ему по-грузински. Тот сразу ушел.

Прошли в комнату, где горела свеча. Городничий уже при свете снова внимательно оглядел Пушкина и молчал. Пушкин решительно снял сюртук, бросил шляпу на стол. На лице городничего выражались недоумение и недоверие. Пушкин вынул из кармана жилета подорожную и протянул ему.

Городничий развернул бумагу и поднес к свече. Недоверие пропало с его лица. Вернув подорожную, спросил:

– Почему пешком?

– Лошади должны были догнать, но пока не догнали. Придут – отдам абаз.

– Не надо.

Пушкин тем временем сел на стул и начал стаскивать грязные сапоги.

Городничий что-то сказал слуге, стоявшему тут же. Тот

поклонился и вышел.

– Вот диван. Отдыхайте, – городничий тоже вышел.

Слуга принес туфли с загнутыми носами, таз и кувшин.

После умывания ушел, забрав с собой сапоги.

Еще раз вернулся, неся стакан вина и подмышкой одеяло и небольшую подушку.

– Спасибо!

Тот ответил по-грузински, поклонился и вышел.

Комната была не очень уютная, но не жить же в ней, до утра только.

Выпил вино, разделся, посмотрел на часы. Уже половина первого! Усмехнулся: вот и тридцать первый год пошел.

Задул свечу, лег, вытянул уставшие ноги.

Закрыл глаза…

Он всё шел и шел, но почему-то не двигался с места… Из сумерек выплыла тонкая женская фигура в бальном платье… Никак не мог разглядеть лицо…

Среди ночи проснулся… Проклятые блохи!.. У Чиляева их не было.

.

ДВА ДНЯ В АПРЕЛЕ 1835 ГОДА
7 апреля

Сняв свою камер-юнкерскую шляпу, Пушкин стряхнул с нее снег. Никита принял у него шубу и тоже встряхнул ее. На полу сразу образовались лужицы. Пушкин сел, и Никита, стянув с него сапоги, сказал:

– Надень, Лександр Сергеич. Нарочно у печки грел.

Пушкин с удовольствием всунул ноги в теплые домашние туфли.

– Спасибо, Никита!

Прошел в гостиную. Навстречу ему из своей комнаты вышла Наташа.

– Христос воскресе!

– Воистину воскресе, Наташенька!

Троекратно поцеловал ее.

– Не замерз?

– Нет, но метет, как в степи. Сестры еще не вернулись?

– Нет. Думаю, может, за ними карету послать?

– Боюсь, что карета и не проедет. Сейчас хорошо тем, кто до сих пор поленился пересесть с полозьев на колёса. Вот тебе и апрель!

Хорошо, что я пешком пошел. У дворца карет – столпотворенье. Вязнут в снегу. А на Миллионной дворники тротуары чистят, и у австрийского посольства – тоже. Можно пройти.

– Первый раз я не была на пасхальной службе.

– И хорошо сделала. Куда тебе сейчас с твоим брюхом? Да в такую погоду! Ты же уже и говела, и причастилась. А помолиться ты и дома помолишься. Небось всю ночь на коленях простояла?

– Нет. Я даже уже и поспала.

– И хорошо.

В прихожей послышались голоса сестер, громко радовавшихся, что, наконец, попали в тепло.

Поздоровавшись и похристосовавшись, они побежали в свою комнату переодеваться.

Направляясь вслед за сестрами, Наташа сказала:

– Через час будем обедать.

– Хорошо.

Пушкин пошел в кабинет, снял мундир и надел халат. Выйдя из кабинета, прошел через комнаты, окна которых выходили на Неву. По набережной и по реке мело.

Дошел до детской. Маша и Саша сидели за своим маленьким столом, ели.

– Христос воскресе!

– Воистину воскресе! – откликнулась нянюшка. Дети тоже пытались что-то сказать с набитыми ртами.

Пушкин засмеялся. Обоих поцеловал.

– Ешьте, ешьте!

Похристосовался с нянюшкой. Она смутилась. Он улыбнулся и вышел.

В кабинете прилег, было, на диван, но встал, подошел к столу, который был почти весь завален бумагами, которые были ему нужны, пока он писал «Путешествие в Арзрум». Четыре дня, как кончил.

Сверху лежала одна из тетрадей, в которой писал во время поездки. Открыл ее, взял перо, обмакнул в чернильницу и тут же на свободном развороте написал:

О люди! низкий род! достойный слез и смеха
Жрецы Минутного, поклонники Успеха.

Пожалуй, начало. Дальше что-то пока ничего.

Снова лег на диван.

Вернулся памятью во дворец.

Всё было, как всегда, как положено по церемониалу. Вместе с другими придворными в Кавалерском зале ожидал выхода императорской семьи. При ярком освещении сверкало золотое шитье на мундирах мужчин и платьях дам, которые казались прекрасными цветами в окружении мундиров. Стоял отдельно. Ни князя Вяземского, ни Смирнова, с которыми обычно общался, не было. Оба - за границей. Был граф Бобринский, но они только поздоровались. Граф был при исполнении служебных обязанностей – церемониймейстер.

Возникло какое-то движение. Появился Бобринский, разговоры смолкли. Он сделал рукой приглашающий жест, и все потянулись к выходу из зала, выстраиваясь в должном порядке.

Не торопился. Предстояло идти почти в самом конце, в паре с Ремером, вместе с которым он одним указом был пожалован в камер-юнкеры год назад.

Когда императорская семья подошла ко входу в церковь, увидел возвышающуюся почти надо всеми голову царя. Как всегда во время официальных церемоний, Николай был очень монументален. Александра Федоровна рядом с ним казалась миниатюрной. В какой-то момент царь выступил вперед и был виден во весь рост – в высоких сапогах, белых лосинах и строгом генеральском мундире с андреевской лентой через плечо.

Поймал себя на том, что царь своей ста́тью и костюмом кого-то напомнил, кого недавно видел, но не мог вспомнить – кого.

Всю заутреню простоял недалеко от входа в церковь. Придворные из последних рядов уже не помещались в нее. Слышно было хорошо. Речитатив митрополита сменяли ангельские голоса певчих.

Между заутреней и литургией императорская семья вышла из церкви и принимала поздравления от придворных и офицеров. Опять мог разглядеть царя, и опять он кого-то напомнил. Но это было мимолетно.

Отслушав литургию, императорская семья отправилась на свою половину, и процессия придворных сопроводила их.

Освободившись, не торопился уходить, пережидая толкотню на выходе из Комендантского подъезда. Прошел в Военную галерею. Нравилось здесь. Сегодня еще до церемонии уже успел зайти в неё, и сейчас, не спеша, в который раз всматривался в эти столь разные лица. Кое-кого просто встречал, а кое-кого знал хорошо. Вот лихой Денис с седеющим чубом… Суровый, в мужественном повороте, Ермолов… Николай Николаевич Раевский…

Остановился у выхода из галереи в Гербовый зал. По обе стороны дверей – в полный рост – Кутузов и Барклай де Толли. Рядом, но разделенные проходом. Как и в судьбе – рядом, но разделенные…

Кутузов - в шинели, подбитой мехом, на фоне зимнего пейзажа – свидетеля бегства наполеоновской армии.

Барклай – в мундире… Так вот на кого похож Николай! Тот же генеральский мундир с андреевской лентой, те же белые лосины и высокие сапоги, та же стать. И совсем разные. Лица – разные. И дело не в том, что у Николая волос побольше и усы. И не в том, что у Николая глаза – светлые, а у Барклая – темные. В самом выражении лица: Николай – монумент, а Барклай – уверенный в себе, твердо стоящий на земле, но – человек. С думающим серьезным взглядом, с порою как бы мелькающей улыбкой на губах: то вроде она есть, то вроде – нет.

Долго стоял перед Барклаем. Как же он перенес двенадцатый год?! И недоверие, и чуть ли не обвинение в измене, и отстранение от командования. А потом – возвращение. Вот таким, как на портрете, он и вошел в Париж. Тогда уже – и граф, и князь, и все его славят…

Наконец, вышел из Военной галереи, спустился к Комендантскому подъезду, получил свою шубу и вышел из дворца. По Дворцовой площади мело. Кареты едва пробивались через снежные заносы. Поднял воротник и свернул на Миллионную. Дворники ожесточенно чистили тротуары, снег их опять заносил, но пройти было можно. У французского посольства было совсем чисто. Правда, через Суворовскую площадь пришлось перебираться, но на набережной у австрийского посольства было опять чисто. Усмехнулся: «Спасибо Фикельмону!». Мимо Летнего сада тоже было непросто пройти, а там уже – через Фонтанку, и дом – рядом...

В дверь постучали, и вошел Никита:
– Лександр Сергеич, просят к обеду.

16 апреля

Пушкин проснулся от непонятного шума. Обычно в кабинете его, выходящем окнами во двор, всегда было тихо. Ему это нравилось. Ничто не отвлекало. А сейчас слышался какой-то гул и порою даже скрежет.

Пушкин встал, подошел к окну. Уже светало. Во дворе было пусто.

Надел халат, вышел в гостиную.

Всё стало понятно. Нева вскрылась. Несла льдины, наползавшие друг на друга и порой скрежетавшие о камни набережной.

Ну вот и весна, наконец!

От той пасхальной зимы уже ничего не осталось. Тепло, дожди и туман съели весь снег. В Летнем саду деревья еще голые, но кусты уже обрызганы зеленью.

Вернулся в кабинет, лег, как был – в халате. Уже не спалось. Вспомнил пасхальный снегопад, дворец, Военную галерею. Пожалуй, лучшее украшение дворца…

Встал, подошел к столу. Арзрумские материалы были уже убраны.

Зажег свечу. Взял альбом, бывший с ним в Болдине. Перевернул его задом наперед. Там были еще свободные листы. И начал быстро писать, для скорости даже не дописывая понятные слова. Писать и тут же править:

В чертоге есть палата.

Зачеркнул «*В чертоге*», над зачеркнутым написал «*у Р. царя*», тут же приписал «*в чертогах*»:

У Русскаго царя в чертогах есть палата
Она не золотом, не бархатом богата

И дальше писал и правил, писал и правил, писал и правил...
Перешел уже на шестую страницу.
А кончить надо как раз тем, что написал тогда на Пасху, думая, что это будет начало.
Арзрумской тетради под руками не было. Написал по памяти, поправил:

О люди! жалкий род, достойный слез и смеха.
Жрецы минутного, поклонники успеха!

Сделал росчерк-концовку и пометил:
16 апреля
1835.
И тут же исправил:
7 апреля
1835.
Светл. воскр.
Ведь тогда уже начинал, но почему-то не пошло.
Просмотрел.
Как нередко бывало, написал несколько строк продолжения.
Надписал заглавие: «Барклай де Толли».
Взял большой лист, сложил вдвое и начал перебеливать, продолжая, конечно, править.
Закончив, пометил:
7 апр. 1835.
Светл. воскр.
С. П. Б.
Мятель и мороз
Не заметил, как прошло время. За окном было уже совсем светло.
Задул почти догоревшую свечу.
Вышел в гостиную. Тут же подошла Наташа.

– Работал? Я заглянула, ты даже не заметил. Не стала мешать. Позавтракаешь? А то уже и обед скоро.

– Хороший день! Пожалуй, позавтракаю. А дети видели, как лед по Неве идет?

– Да, я им показала. Очень радовались.

Взял Наташину руку, поцеловал.

– Спасибо Богу, что ты у меня есть.

20 ОКТЯБРЯ 1836 г.

Лежал на диване. Вставать не хотелось. Проклятый кашель начался ночью и насморк, но похоже, что простудился не вчера, а ещё раньше. Вчера у Яковлева, на лицейской встрече, уже чувствовал какую-то слабость, даже стихи не смог прочитать. Погода, конечно, в последние дни: то дождь, то ветер, а три дня назад ночью – почти буря. А ведь в Михайловском он такую погоду как раз любил. Правда, там одеваешься по-другому. Да и верхом лужи не страшны… Но обычная петербургская погода… Просто в последние годы его в это время почти никогда не было в Петербурге – то Болдино, то Михайловское. И писалось в такую погоду хорошо.

Негромко постучав в дверь, из детской вошла Наташа.

– Ну как?

– Да ничего, только кашель вот.

Она приложила ладонь к его лбу.

– Жара, слава Богу, нет.

Пушкин поймал её руку и поцеловал. Наташа улыбнулась.

– Всё-таки сейчас пошлю за Спасским.

Она вышла.

Через час в сопровождении Наташи в кабинет вошел Спасский, как всегда, уверенный и громкоголосый.

– Александр Сергеевич, что же это вы? Я уж не помню, когда я вас от чего-нибудь лечил.

– Здравствуйте, Иван Тимофеевич!

Наташа не ушла, осталась.

Спасский придвинул к дивану стул, сел и поставил рядом на пол свой докторский портфель. Попросил Пушкина повернуться лицом к окнам и посмотрел его горло. Пощупал лоб. Достал из портфеля небольшую трубку и попросил Пушкина расстегнуть халат. Долго слушал, прикладывая трубку к груди в разных местах, пережидая пока Пушкин откашляется.

Наташа тревожно смотрела на них.

Спасский убрал трубку.

– Наталья Николаевна, не волнуйтесь! Опасного, слава Богу,

ничего нет, а с кашлем и насморком мы справимся.

Он перешел к столу, сел в кресло и, чуть-чуть отодвинув пушкинские бумаги, достал из портфеля небольшой листок и написал рецепт.

– Вот – принимать каждый час. Завтра заеду ещё.

Спасский протянул рецепт Наташе.

– До завтра, Александр Сергеевич!

– Спасибо, Иван Тимофеевич!

Задержавшись у двери, Спасский сказал:

– Двери плотно закрывайте, а то – сквозняк. Они у вас прямо одна против другой. А сквозняк сейчас совсем ни к чему.

Наташа проводила Спасского и вернулась.

– Никиту в аптеку уже послала.

– Помоги мне.

С Наташиной помощью устроился на диване полусидя-полулёжа, опираясь спиной на поднятую подушку.

– Вот и хорошо.

Подтянул поближе стоявшую у дивана конторку.

– И дай, пожалуйста, рукопись – вон там слева на столе. Спасибо!

Наташа ушла в детскую.

Пушкин положил переписанную начисто вторую часть «Капитанской дочки» на колени и стал внимательно просматривать, откладывая просмотренные листы на конторку. Изредка все-таки кое-что поправлял. Только кашель отрывал от работы.

Время проходило незаметно.

Снова вошла Наташа, уже неся рюмку с микстурой.

– Выпей! Я буду приносить, а то ты забудешь.

– Спасибо, душа моя!

Через какое-то время раздался стук в дверь из прихожей. Вошел Никита.

– Лександр Сергеич – записка, и просят сразу ответ.

Записка была от князя Одоевского, который спрашивал, не сможет ли Пушкин прийти к нему. У него гость из Тифлиса с рукописью, которая может быть интересна для издателя «Современника».

– Никита, дай мне со стола какой-нибудь листок.

Написал: «Я дома больной в насморке. Готов принять в моей коморке любезного гостя — но сам из коморки не выду.

А. П».

Сложил записку, отдал Никите и опять погрузился в рукопись.

Снова приходила Наташа с микстурой.

Через час – новый стук, и вошел Никита.

– Лександр Сергеич! Князь Одоевский и господин Титов.

– Проси!

Пушкин отложил рукопись и по возможности повернулся к двери.

— Милости прошу, господа! Простите, что, как старая дама, принимаю вас в постели!

На спутнике Одоевского был сюртук, но чувствовалась военная выправка.

Они поздоровались, и Одоевский представил гостя:

— Николай Павлович Титов из Тифлиса.

— Простите, а Владимир Павлович Титов вам не родственник?

— Брат.

— Ну, тогда мы почти знакомы… Берите, пожалуйста, стулья! Простите, что заставляю вас самих этим заниматься.

Гости сели около дивана.

— Вы давно из Тифлиса?

— Выехал в конце сентября. Я уже почти две недели в Петербурге.

— И князь, значит, прятал вас от нас? — Пушкин засмеялся. — И что же вы привезли из этого замечательного края?

Титов открыл принесенный им портфель и вынул довольно объемистую рукопись.

— «Неправдоподобные рассказы Чичероне дель К…..о», — прочитал Пушкин название. — И о чем же эти рассказы?

— Александр Сергеевич, это роман в трех частях или вернее — нечто в трех романах, — вступил Одоевский. — Первый том мы уже готовим к цензуре. Николай Павлович доверил мне редактирование. Мне кажется, что вы могли бы выбрать что-то для журнала, и это к тому же привлекло бы внимание публики к роману, когда он выйдет. Думаю, что лучше всего взять из первой части, поскольку она первой и выйдет. В ней действие происходит на Балканах во время турецкой войны. Но посмотрите сами — как вам покажется. А в третьей части, между прочим, — Кавказ. Мне даже показалось, что эта часть в чем-то перекликается с вашим «Путешествием в Арзрум».

В этот момент в кабинет вошла Наташа с микстурой.

— Здравствуйте, господа! Простите, что прерываю вашу беседу. Александру Сергеевичу надо принять лекарство.

Гости встали.

— Здравствуйте, прекрасная Наталья Николаевна, — сказал Одоевский.

Титов молча поклонился.

Одоевский с улыбкой наблюдал за своим спутником, который не мог оторвать взгляда от Наташи, и на лице его отражалось буквально потрясение.

Пушкин выпил микстуру. Наташа еще раз с улыбкой попросила прощения и вышла. И её улыбка, кажется, лишила Титова дара речи.

Да, Одоевский тоже пережил нечто подобное при первой встрече с ней. Постепенно привык, не переставая восхищаться.

Гости сели.

– Если князь так вас рекомендует, то я заранее соглашаюсь на такое предложение, – сказал Пушкин. – Оставьте мне рукопись дня на два и приходите, например, послезавтра в любое удобное для вас время. Я, как видите, всё время сейчас дома. Всё обсудим. Князь, а кому на цензуру собираетесь отдавать?

– Петру Александровичу Корсакову.

– Хорошо. Лучшего я вам и не посоветовал бы. Я сам сейчас передаю ему небольшой роман.

– А о чем роман, Александр Сергеевич?

– Пока цензуру не пройдет, говорить не хочу.

Гости стали прощаться:

– Не будем утомлять вас, Александр Сергеевич.

Титов убрал рукопись в портфель и оставил его около дивана. Пушкин пожал им руки, и они вышли, а он снова погрузился в свой роман.

Спускаясь по лестнице, Титов сказал:

– Что же вы меня не предупредили?

Одоевский улыбнулся:

– Я же не знал, что она ему лекарство принесет. Но ничего – не вы первый и, думаю, не последний. Это она ещё просто, по-домашнему. А видели бы вы её на каком-нибудь балу!

– Нет, не надо на балу. Такая красота в доме! Она достойна Александра Сергеевича.

– А кое-кто считает, что он её не достоин.

– Ну, это уже совсем глупости.

Они вышли на набережную и пошли к Конюшенному мосту.

15 ДЕКАБРЯ 1836 Г.

Принесли записку от Тургенева:

«Брат пишет ко мне из Парижа, что лингвист Эйхгоф будет читать лекции в Сорбоне о литературе, что он весьма желает иметь – Песнь о Полку Игореве и не мог найти ее на немецком. Он бы и на русском мог разобрать ее; но русского оригинала там и подавно найти трудно.

Не можешь ли ты уведомить меня какой перевод лутче или какое издание из русских удобнее послать туда?

Завтра ввечеру едет курьер, и я бы желал им воспользоваться. Что выписать для тебя?»

Что о «Слове» будут говорить в Сорбонне – это хорошо. Надо с древней нашей литературой знакомить. А книгу для Эйхгофа найдем

– Вацлава Ганки. Там и подлинный текст, записанный латинскими буквами, и переводы. Два экземпляра есть, один отдам.

Достал книгу с полки, выложил на стол.

Коли Александр Иванович до обеда не пришел, значит весь в визитах. Непоседа.

Вернулся к черновику письма барону Баранту. Барон интересуется авторским правом в России и счел, что лучше Пушкина никто ему об этом не расскажет. Старался писать кратко и ясно.

Услышал знакомый громкий голос, спрашивавший: дома ли Александр Сергеевич.

Придется письмо закончить завтра.

Придвинул к столу стул. Вышел в переднюю.

– Дома, дома… Здравствуйте, Александр Иванович!

– Здравствуй, Александр Сергеевич!

Тургенев положил на столик шляпу и пакет. Никита снял с него шубу.

– Проходите!

Разрумянившийся от холода, Тургенев вошел в кабинет, потирая озябшие руки. Пушкин с улыбкой смотрел на него: олицетворенное жизнелюбие. Выглянул в переднюю.

– Никита, попроси Наталью Николаевну, чтобы приготовили чай.

– Садитесь Александр Иванович! А вот Вам и книга. У меня их две оказалось. По-моему, это лучше всего. Здесь и подлинный текст, причем латинскими буквами, и два перевода. Можно, конечно, еще посмотреть перевод Шишкова, но до завтрашнего дня вы его вряд ли найдете, да и огрехов, на мой взгляд, много. Попробую издать «Слово» заново. Там всё это укажу.

Засмеялся:

– Но, пожалуй, при жизни Шишкова лучше не издавать – обидится, потому что другие смеяться будут. А издавать нужно, как Шлёцер своего «Нестора» издавал. Надо сопоставить все возможные источники. Неясные слова нужно проверять – нет ли их в других славянских языках, где они могли сохраниться, исчезнув уже из русского.

– Александр Сергеевич, а что думаешь о подлинности «Слова»? Многие сейчас сомневаются.

– Не сомневаюсь. В частности, именно благодаря многим славянским корням. Наш современник не смог бы всё это подделать. Между прочим, тот же вечный критик и скептик Шлёцер сначала, узнав о «Слове», счёл его подделкой, а прочитав, признал его подлинность.

Пушкин ещё долго рассказывал о разных интересных выражениях в «Слове», но из детской, тихо прикрыв за собой дверь, вошла Наташа.

– Здравствуйте, Александр Иванович!

– Наталья Николаевна, позвольте, - Тургенев, сама галантность, вскочил, поклонился и поцеловал ее руку.

– Прошу вас в столовую. Чай приготовлен.

Проходя через переднюю, Тургенев остановился.

– Наталья Николаевна, а можно просить вас о любезности?

– Слушаю вас, Александр Иванович.

Тургенев взял со столика пакет.

– Я тут приготовил подарок для жены Николая Ивановича с тем, чтобы отправить его с французским курьером в Париж. Д'Аршиак говорил, что курьер отправится завтра. Сегодня зашел к Д'Аршиаку, чтобы передать пакет, а оказалось, что курьер поедет послезавтра. Вот и ношу пакет с собой. А вас хочу попросить, чтоб взглянули, достоин ли подарок всех этих хлопот.

– Конечно, с удовольствием взгляну, хотя, зная вас, ни минуты не сомневаюсь в том, что подарок – достойный.

– Между прочим, этот Д'Аршиак – приятный человек.

– Пожалуй, - отозвался Пушкин.

– Мы с ним полчаса беседовали о Бурбье на михайловской сцене и о мадам Ансело.

Самовар стоял на столе. Наташа разливала чай.

– Наталья Николаевна, не могу забыть видение 6 декабря во дворце. Вы были прекрасны.

– Полно, Александр Иванович! Там было много красивых дам.

– Нет, нет! Не спорьте!

За чаем разговор зашел о Чаадаеве, которого Тургенев видел три недели назад, перед выездом из Москвы.

– Бедный, – сказала Наташа. – Как он это всё переносит?

– Сначала очень тяжело, но все-таки стойко. Его же и свои московские литераторы оспоривали, да я и сам, но, конечно, никто сумасшедшим его не называл. Когда я уезжал, он уже был спокойнее.

– Я тоже ему письмо написал, – сказал Пушкин, – но, к счастью, не успел отправить. После чая вам прочту.

Вернулись в кабинет.

Пушкин вынул из ящика стола оттиск статьи, присланный Чаадаевым, с заложенным в него письмом. Письмо было писано по-французски. С Чаадаевым – только так.

Тургенев слушал, временами согласно кивая головой, и, когда Пушкин закончил чтение, сказал:

– Совершенно согласен, Александр Сергеевич. Как можно говорить о ничтожестве нашей истории? Уже поглощение татарского нашествия, спасшее ту же самую Европу и позволившее ей развиваться, заботясь только о внутренних событиях... И последующее усиление и укрепление России при всех внешних угрозах... И вхождение в Европу при Петре, Екатерине, Александре... Не раболепное вползание, а именно вхождение.

– Меня можно, конечно, обвинить в домашнем патриотизме, но вот всё тот же Шлёцер...

Пушкин встал, быстро подошел к полкам и, почти не глядя, достал какую-то книгу.

– Этот чистокровный немец, германский профессор, впитавший всю европейскую культуру... вот что он писал еще лет семьдесят назад.

Пушкин нашел нужную страницу:

«Какое ужасное понятие представляет Русская древняя история! Я почти теряюсь в величии онаго! История такой *земли*, которая составляет 9ю часть обитаемого мира и в два раза более Европы; такой земли, которая в два раза обширнее древняго Рима, хотя и называвшагося обладателем вселенныя; – история такого народа, который 900 уже лет играет важное лице на театре народов и теперь обладает от Ледянаго моря на юг до Бальтийскаго, Каспийскаго и Байкала, а на восток от Киммени, Двины и Днепра до Анадыра, Авачи и ложа Авроры; - история державы, соединяющей под своим скипетром Славен, Немцов, Финнов, Самоедов, Калмыков, Тунгузов и Курильцев, народы совершенно различных языков и племяни, и соседящей с Шведами, Поляками, Персами, Бухарцами, Китайцами, Японцами и североАмериканцами дикарями; - история России, сего настоящаго розсадника народов, из южныя части которыя вышло толико народов, разрушивших и основавших целые царства. Разкройте летописи всех времян и земель и покажите мне историю, которая превосходила бы или только равнялась с Рускою! Ето история не какия нибудь *земли*, а целыя *части света*, не *одного* народа, а *множества* народов, которые различаясь между собою языком, религиею нравами и произхождением, соединены под одну державу завоеваниями, судьбою и счастием.

Руская история вообще, как я докажу, есть I. Безконечно *пространна*, по множеству или со всем неописанных, или недостаточно описанных народов, составляющих части сего великаго целаго, члены сего исполинскаго политическаго тела. II. Чрезвычайно *важна*, по непосредственному влиянию на всю прочую, как европейскую, так и азиатскую древнюю историю. III. Очень верна, по богатству своему в достоверных времянниках и прочих исторических источниках, и пр.»... Вот так-то.

Поставил книгу на полку.

Пришла Наташа. Протягивая Тургеневу пакет, сказала:

– Александр Иванович, конечно, и туфли – изящные, и платки – очень красивые. Я в этом и не сомневалась. Простите, я только их немного по-другому уложила.

– А я и смотрю – пакет почти вдвое меньше стал. Теперь его уж обязательно примут в посольстве. Наталья Николаевна, вы – не только красавица, вы – ещё и рукодельница. Завидую Александру Сергеевичу.

Наташа засмеялась и попрощалась:

– Спокойной ночи!

Тургенев встал и поцеловал ей руку. Она наклонилась к Пушкину, и он поцеловал её в лоб.

– Александр Сергеевич, мы всё о прозе. А новые стихи? «Полководец» в «Современнике» – прелесть.

– В этом году, и правда, больше прозы. Может быть, журнал виноват. Стихов мало. Правда, летом несколько написал.

Засмеялся:

– Мое время прошло, как пишут в газетах. Сейчас в моде – Бенедиктов да Ростопчина… Но одно вам прочту.

Помолчал, словно припоминая.

> Я памятник себе воздвиг нерукотворный,
> К нему не зарастет народная тропа,
> Вознесся выше он главою непокорной
>   Александрийского столпа.
> Нет, весь я не умру — душа в заветной лире
> Мой прах переживет и тленья убежит —
> И славен буду я, доколь в подлунном мире
>   Жив будет хоть один пиит.
> Слух обо мне пройдет по всей Руси великой,
> И назовет меня всяк сущий в ней язык,
> И гордый внук славян, и финн, и ныне дикой
>   Тунгуз, и друг степей калмык.
> И долго буду тем любезен я народу,
> Что чувства добрые я лирой пробуждал,
> Что в мой жестокой век восславил я Свободу
>   И милость к падшим призывал.
> Веленью божию, о муза, будь послушна,
> Обиды не страшась, не требуя венца,
> Хвалу и клевету приемли равнодушно,
>   И не оспоривай глупца.

– Александр Сергеевич, нет слов, как хорошо. И всё так и будет…

А «Милость к падшим призывал» – это о них?

– Да. Вчера было 14 декабря. В этот день всегда вспоминаю о них. Самый близкий друг – там.

– Я – тоже. И, конечно, о брате. Брату повезло, что он был за границей, тоже оказался бы там.

Пушкин усмехнулся.

– Не только мы вспоминаем. Во дворце в этот день каждый год – благодарственный молебен. Слава Богу, камер-юнкеров не приглашают.

– Грибоедов мог попасть туда же – оправдали. Вроде бы Ермолов предупредил его об аресте, и он сжег все бумаги.

– Думаю, что Ермолов и себя спасал. Он же тоже все время был у царя на подозрении.

Поговорили о других, кого миновала кара. О Михаиле Орлове, которого сумел защитить перед царем брат, о Павле Киселеве, под крылом которого существовало Южное общество, о князе Меншикове, который выступал за освобождение помещичьих крестьян. Все они были на подозрении и, может быть, не зря. Ожидали, как развернутся события.

Проговорили допоздна, расставаться не хотелось, и, когда Александр Иванович собрался все-таки уходить, была уже почти полночь.

Пушкин вышел с ним в переднюю. Сонный Никита надел на Тургенева шубу.

– Александр Иванович, может быть послать кого-нибудь проводить вас?

– Нет, спасибо! Тут же рядом, и сторожа почти у каждого дома. Не впервой.

Крепко пожали друг другу руки.

Тургенев шел по набережной Мойки. С Невского доносились голоса кучеров. Было морозно, но ветра не было. Боялся только поскользнуться.

Дойдя до Демута, прошел в свой номер, бывший тут же на первом этаже, с окнами на Мойку. В номере было тепло. Дремавший камердинер помог ему раздеться и зажег в комнате Тургенева свечи.

Прежде чем лечь, Александр Иванович занялся своим обязательным ежевечерним делом. На столе лежала большая, как конторская книга, тетрадь – его дневник, а сегодня еще и начатое позавчера письмо брату.

Начал с письма:

«Полночь. Я зашел к Пушкину справиться о песне о Полку Игореве, коей он приготовляет критическое издание. Он посылает тебе прилагаемое у сего издание оной на древнем русском (в оригинале) латинскими буквами и переводы Богемский и польский; и в конце написал и свое мнение о сих переводах. У него случилось два экземпляра этой книжки. Он хочет сделать критическое издание сей песни, в роде Шлецерова Нестора, и показать ошибки в толках Шишкова и других переводчиков и толкователей; но для этого ему нужно дождаться смерти Шишкова, чтобы преждевременно не уморить его критикою, а других смехом. Три или четыре места в оригинале останутся неясными, но многое пояснится, особливо начало. Он прочел несколько замечаний своих, весьма основательных и остроумных: все основано на знании наречий славянских и языка русского. Жена его так хорошо уложила три платка с туфлями для Клары, что, вероятно, пакет примут в посольстве. Я провел у них весь вечер в умном и в любопытном разговоре и не поехал на бал к Щербатовым».

Не запечатывая, отложил письмо. Ещё завтра, а может быть, и послезавтра продолжит.

Развернул дневник.

«15 декабря. Писал к Булгакову и послал чрез него письма к сестрице и к Свербеевой о туфлях и о Шевыреве. У меня сидел Геце; о протестантизме, о переводе сумм и пр. Был у Карамзиных, встретил дочь Опочинина. которая упрекала и звала на понедельник. Осмотрел магазин Гамбса: какая роскошь в мебелях! Сидел у Аршияка. С Нерво: о Броглио, Гизо и Тьерсе, с Аршияком о Bourbier и Mme Ancelot. Обедал у Татариновых, вечер у Пушкиных до полуночи. Дал песнь о полку Игореве для брата с надписью. О стихах его, Ростопчиной и Бенедиктова. Портрет его в подражание Державину: "весь я не умру!" О М. Орлове, о Киселеве, Ермолове и князе Меншикове. Знали и ожидали: без нас не обойдутся. Читал письмо к Чадаеву не посланное».

Удовлетворенный, закрыл дневник и пошел умыться перед сном.

А через пять дней писал своей московской знакомой Екатерине Александровне Свербеевой:

«Пушкин мой сосед, он полон идей, и мы очень сходимся друг с другом в наших нескончаемых беседах; иные находят его изменившимся, озабоченным и не вносящим в разговор ту долю, которая прежде была так значительна. Но я не из числа таковых, и мы с трудом кончаем одну тему разговора, в сущности, не заканчивая, то есть не исчерпывая ее никогда. Его жена всюду красива, как на балу, так и у себя дома в своей широкой черной накидке».

Ян БРУШТЕЙН. Ритм сердца. Стихи ковидной палаты

На ранней утренней прогулке,
Когда стада деревьев гулки,
И под ногами гибнет снег,
Плутает между веток эхо.
Уже сугробам не до смеха,
И дышит смертный человек.

Идёт себе, глазами в душу,
Что видит он – подумать трушу.
За эти семь десятков зим
Такое пережить случалось!..
И помнит он любую малость –
Всё это тащится за ним.

Болит простуженная память.
В минувшее привык он падать,
Как в детстве – в холод лёгких вод.
Но птичья радует потеха,
А что там наболтало эхо –
Сам чёрт его не разберёт.

* * *

Когда меня накрыло не по-детски,
И было не укрыться, и не деться
От этой убивающей тоски,
Всё развивалось, как в театре действо,
Как боль недавно сломанной руки.

Моя страна смеялась и стонала,
И мыла руки, и своих пинала –
Потом, когда сдала их и спасла,
Сушила вёсла, и рожала мало,
И жгла траву у нашего села.

Мы жили между городом и садом,
Леса и реки обнимая взглядом,
А я лечился древом и строкой.
Всё думал: может быть добром и ладом
У нас всё выйдет, милая, с тобой.

Гроза играет страшной погремушкой,
Наш дом качает, словно кто-то ушлый
Трясёт его завистливой рукой.
Когда у края снова раню душу,
Меня спасёшь ты, и никто другой.

Псы

Я разговаривал с дворовыми собаками,
Я читал им стихи, их блохи кусали меня за пальцы.
Но дворняги не хотели зрелищ, они от голода плакали,
И просили еды их жадные пасти.

И я плюнул на поэзию, я дал им воды и мяса.
Они жадно жрали, и рвали куски друг у друга.
Те, что помельче, покорно ждали своего часа
И только уши прижимали в ответ на чужую ругань.

Эта прорва сжигала мой хлеб, и всё было мало,
Были рты их черны, языки красны, а глаза сухи...
А потом сытые псы улеглись где попало
И сказали: «Вот теперь давай-ка твои стихи!»

* * *

Мы от одиночества звереем.
Страшен враг, когда он вам не слышен.
Боль и ярость с каждым днём острее –
Так, что эти чувства сносят крышу.

Выживали в рабстве, войнах, гетто,
Лагеря прошли и колизеи,
Неужели нас сломает эта
Странная китайская затея?

Вы, мои ровесники, кудесники –
Крепкая и редкая порода.
Ваши незначительные песенки
В этот час важнее кислорода.

Что же делать, если струны ржавы,
Если наступило время слома…
В час, когда испуганы державы,
Повторим: «В начале было Слово».

* * *

Порой снаряд ложится близко.
Мне много лет. Я в группе риска.
Однако ж это не война,
Не кровь и ярость рукопашной,
Не смертный чад над бывшей пашней,
Не перед мёртвыми вина.

Я помню схватки у Амура,
Где штык был друг, а пуля – дура.
Мы дрались, как в последний раз.
И в этой маленькой войнушке
Не выжил бы ни злой, ни ушлый,
Ни тот, кто прятался за нас.

И всё ж, друзья мои, и всё же,
Все наши битвы подытожив,
Всю боль, живущую в стране,
Представим в этот День Победы
То, что прошли отцы и деды
На главной, страшной той войне.

* * *

На схватке с тьмой сосредоточен,
Хоть временно и обесточен.
Мой путь прерывист, но бессрочен,
Пока зажата боль в груди.
Наш мир прекрасен, но порочен,
Каким он будет впереди?

Кем станут дети наших внуков?
Какие вирусы наука
Им в испытание нашлёт...
Ведь смерть такая, в общем, скука,
Вот так и жил бы напролёт –

Столетней липой возле дома,
Любой собакой незнакомой,
Штрихами птиц над окоёмом,
Травинкой, маленькой такой,
В глазах любимой отражением,
Её дыханием, движением...
Хотя бы словом и строкой.

* * *

О чём молчишь, слепая госпожа?
Зачем скользишь по лезвию ножа,
Когда вершишь бессмысленную жатву?
Бросаешь в ноги мне обмылки льда,
Всё ждёшь, что оборвусь я в никуда,
Всё дышишь мне в затылок зло и жарко.

Но я иду, и трость моя тверда,
И в камни рассыпается вода,
Когда страну качает и корёжит.
И воздух густ, и догорает куст,
А тот, кто в нём, не размыкает уст,
Но ты всё слышишь, человек без кожи.

Пусть наше время болями полно,
Кто видел дно, тому не суждено
Страх испытать на этом странном свете.
Как ни грозит безглазая карга,
Бояться поздно друга и врага.
Но дети, Боже мой, но наши дети...

* * *

Как бы ни было холодно в нашей стране,
Мы согреем друг друга последним теплом.
Не бывает судьбы веселей и странней,
Чем бороться с добром и мириться со злом.

На излёте стрелы, на изломе веков,
В том краю, где пустой не бывает судьбы,
Мы теряем друзей и находим врагов,
И не прожитый день отдаём без борьбы.

Только петь, даже если дыхания нет,
Только жить – даже если свеча оплыла,
Не надеясь, что тихий останется след,
Выгорая дотла, выгорая дотла.

Владимир ГАНДЕЛЬСМАН. Утренняя Навсикая

снимок на балконе

июнь. в секундный покой его
сирень доносится со двора.
она ещё до всего, до всего,
прозрачная на просвет сестра.
черты лица её столь чисты,
как стих, где я с нею слит,
пока она из листвы, листвы,
солнцем напо́енной, состоит.
и если сестра эта не моя,
и ветвь вдали не благая весть,
и если мальчик рядом не я,
то нет любви. но любовь есть.

Два сердечных сжатия

1

Помнишь, как в детской таилось
то, что потом и не снилось?
Дверь отворилась и дверь затворилась.
Помнишь, как выходилось
вечером: солнце за домом садилось,
и угасало, и золотилось?
Ты подглядел предзакатную стылость.
Солнце монеткою закатилось.
Помнишь, как называлось
то, от чего твоё сердце сжималось?
Мать и отец, их усталость.
Это не только любовь, но и жалость.
В воздухе осени литий-металл есть.
Стрелка секундная ли сломалась…
Помнишь, как умалялась
данная милостью Божьей малость?

2

Что же такого чудесного
помню? Ту самую малость.
Шуба, и шапка, и шарф мои –
всё растрепалось.

Шорохи, шёпоты, шалости,
помню, как жарко дышалось…
Вдруг – тишина, точно буквочка
«ш» обветшалась.
Сколько, соседка, процокало
лет?.. А на кой тебе сда́лось
цоки считать? Что-то трюхало,
вот и промчалось.
Помню, у двери квартиры я
ключ уронил… Не случалось,
чтобы так трудно когда-нибудь
мне нагибалось.
Сносный позор, без свидетелей.
(Сердце соседки бы сжалось).
Помню, недолго в ту пору мне
жить оставалось.
Небытие мёртвым сном ещё,
помню, порой прикасалось…
Вот где блаженство бескрайнее,
как оказалось.

Родители на закате дня

Когда б они взглянули на меня сейчас,
я эту мысль не подпускаю,
но прорывается, гоня
себя к неведомому краю,
точней к тому, где я на них смотрю
и ничего не вижу, но в усилье
непререкаемом к ним путь торю,
как если б там, между небесной синью
и синью моря, что совсем слились,
увидел нить, как если б ухватиться
хотел и заглянуть за край... Проснись.
Или усни совсем – и прояснится.
И слышу голоса, они идут
по набережной, с ними мальчик,
«в ничто на свете не влюблённый...
тёмно-зелёный...»
крон остывает изумруд,
ещё ни снов, ни мыслей мрачных,
и плещутся флажки на мачтах.

Одна жизнь

А пока подрожим
или подорожим
солнца сиянием,
синих стрекоз стоянием
в воздухе дня на весу,
плеском, капающим веслом.

Там сосуды озёр
сообщаются, пар
над вечерней землёй,
над извилистою змеёй,
над лягушкой с подскоком
пауз по низким осокам.

Атом к атому точь-
в-точь подогнан, и ночь
к дню прибита гвоздём –
испаряющейся звездой,
в подорожнике утром
разгоревшейся остриём.

Истины босиком
друг за другом гуськом
по росе тянутся,
ни на миг не расстанутся,
лучась, не иссякая.
Утренняя Навсикая.

Там, на топких мостках,
прачка, бельё в тазах,
в мире ни росстани,
стирка, белые простыни,
согревающим счастьем
приникают доски к ступням.

Высекая искру,
как из жизни игру,
лучепёрая вверх
извернётся и высверком
плавника глаз уколет,
но и радостью утолит.

По стезе золотой
поступь чайки литой —
жадный взгляд и живой,
и накат волны кружевной,
и прислужниц мячика
вижу, вдали маячащих.

А секунду спустя
дачный вижу пустырь —
там, предавшись судьбе,
залётный атлет в разбеге
блещет великолепьем,
потрясая, воин, копьём.

За копьём своим вслед
чужеземный атлет
улетит, кончится
август, поздний истончится
час, как жизнь, истекая.
Плачущая Навсикая.

Синих узких стрекоз
с лицами стариков
острое зрение,
время как измерение,
замершее на нуле,
насекомое на игле.

Мария ЗАТОНСКАЯ. Облако на реке

* * *

Дед не касается её платьев:
это последнее, что осталось
после раздачи кастрюль, полотенец,
колготок капроновых в мелкую сетку,
она в них, наверное, сильно мёрзла.
А вот это зелёное в крупный цветок
я всегда говорила, что заберу,
и она обещала:
вырастешь и наденешь,
и лето замерло за окном,
и до дома идти пять минут пешком.

* * *

Вот и с веток снег осыпается,
Костя умер – вчера сказали,
а я как будто бы никогда не знала,
просто шла и считала птичек.
Подлетали близко – видно, совсем не боялись.
Какие короткие зимние вечера:
за что ни возьмёшься,
так быстро кончается.

* * *

Страшно, что я тебя забываю
в шуме дороги нелётной зимней,
в голосе диктора из магнитолы,
иногда только
или отзвук какой напомнит,
или мужик, мнущийся у светофора,
который в зеркале заднего вида
всё отдаляется,
отделяется,
превращается в точку.

* * *

Вот если бы так проснуться,
а тебя никогда не существовало –
только видение
на окраине сна,
смутное чувство ожидания бога –
ни лица, ни тела,
одна дорога.

Но я знаю город,
в котором ты есть,
куртку, в которую ты одет.
К сожалению,
ты человек.

И пока ты идёшь вдалеке,
этот луч на твоей щеке –
мой сон на твоей щеке –
облако на реке.

* * *

Навсегда останется человек,
что бывал со мной, как бывает снег,
что летит теперь по длине зимы,
мимо дворника, что не видит сны.
У соседа спит необжитый дом,
и вздымается в небо тревожный дым,
на краю ландшафта дрожат глаза,
но не смотреть на него нельзя.

* * *

Это снег в пансионате,
это человек в ботинках
ходит по тугим сугробам
и печаль свою хрустит.
После счастья нету счастья,
только призрак алкогольный,
или это в человеке
просто музыка болит.

Олеся НИКОЛАЕВА. Метафора

* * *

Как влезешь в ямб, так и не вылезешь.
Смирись, пока не сморит сон
и ритм иной себе не вылежишь,
чтоб бился с сердцем в унисон.

Но он – то искрой электрической
пронижет, то повысит тон,
и в связке с рифмой дактилической
особенно привязчив он.

И вот – с утра и сад, и улица
в его поток вовлечены,
и все здесь плещется, рифмуется
на гребне звуковой волны.

Как будто с берега Эгейского
Эол принес мне этот пыл,
и призраков ума житейского
он, как троянцев, потопил.

СТИХИ С ПОСВЯЩЕНИЕМ

Я думаю – страдала ведь она
ещё и оттого, что жизнь пресна,
что из красавицы, с её таким особым
изгибом, шармом, линией крыла,
её вдруг превратили зеркала
в старуху грузную с одышкою и зобом.

Ей, прежней, с электричеством в крови,
питавшейся энергией любви
и токами мужского восхищенья,
не просто так – забыться и забыть,
как кожу снять, как руку отрубить,
и пережить такие превращенья.

…Офелия плывет с венками ив.
А лирике грозит разлом, разрыв

материи – утратой героини.
Она утонет с песнями, а та,
что выживет на берегу, у рта
потерю выдаст складкою гордыни.

И все-таки, минуя зеркала,
такую музыку она в себе несла!
Земля плыла, качались в такт кадила,
мир в жертвенной крови крутила ось.
Но с пением она прошла насквозь
плен времени и, выйдя, – победила!

* * *

Больной стенал и корчился в ознобе,
летел в провал и знал, что умирал,
и, как зародыш, запертый в утробе,
колени в подбородок упирал.

И, наконец, сжимая в крест нательный,
он возопил:
– Зачем Ты одного
меня оставил в этот час смертельный?
Да есть тут кто-нибудь? Иль – никого?

И вдруг, как будто голос за спиною,
шум ветра иль бегущая вода,
и слышит он:
– Я рядом. Ты со мною.
Ты не один. Но смотришь не туда!

Он оглянулся мысленно и все же
увидел въяве, что стоит за ним
на свой иконный образ не похожий,
но явно – ангел или херувим.

Повис, как бы эфир, сгустившись тучно, –
по контуру подсвеченный предел…
И повторяет:
– Здесь я неотлучно.
Не жалуйся! Ты не туда глядел!

И в этой ветхой плотяной одёжде
из мышц и кожи – небу, пустырю –

вглубь обступившей тьмы кричу:
– Я – тоже!
Прости меня! Я не туда смотрю!

БЫЛИНА

Поломали юношу чужие интриги,
посадили его на цепь чужие секреты,
погубили умные книги,
противоречивые ответы-советы.

Заморили откровенности взрослых дядек и тётек,
и открылся ему мир жестокости, смрада, фальши.
Он идет на реку, он берет ботик,
он плывет под парусом куда подальше.

А тут молодая баба на берегу слезы роняет.
Просит себе у Бога любовь до гроба.
И вот выплывает ботик, и закат оттеняет
юношу на корме, силуэт подчеркивая особо.

Ах, прекрасный юноша: статный и бровь соболья,
по кудрям и лбу белый очелий, на щеках – румянец,
чисто ангел в золоте солнца, птица среди раздолья,
небожитель, что ли, какой иль чужестранец.

И так он плывет с обидой своей, проплывает мимо.
А баба смотрит из-под руки зачарованно-ослепленно,
пока туман не покроет реку и ночь не нагонит дыма
и рыбаки не спустятся к лодке своей со склона.

А юноша чувствует, как его утешают, вздыхая горько,
эта речная глазастая баба в лесной пустыне,
рыбаки, костерки на склонах, вечерняя зорька…
Отчего-то до гроба он их запомнит отныне.

МЕТАФОРА

Это кто на чужом пиру
начинает свою игру?
На широкой скамье покоясь,
в рукава, в карманы, за пояс
со стола сгребает объедки
и с гостями сидит в беседке?

Поднимается во весь рост,
словно некий готовит тост.
Но взмахнет двумя рукавами,
а оттуда – с перепелами
утки, куры, индейки, гуси –
расплываются на воздуси.

Одевается плотью снедь,
гоготать начинает, петь.
Муза их облекает в слово.
Муза любит птиц, птицелова,
а еще, когда кто-нибудь
даст метафору развернуть.

Елена СЕВРЮГИНА. За границей холста

* * *

весна внезапна как вода
(начало нового абзаца)
среди деревьев сквозь года
приятно снова оказаться
вернуться в мир который был
таким простым и безголовым
пластинки выцветший винил
дрожит дорожками над словом
стараясь из последних мук
твердит напев ошелестело
движенье обретает звук
пространство обретает тело
внутри забывчивой реки
я буду плыть незрячим взглядом
пока листва моей руки
не опадёт под лунным садом
пока вольфрамовая нить
бежит в пространстве междуречья
мне ничего не изменить
и не отречь и не отречься
удержит солнце на весу
строка случившаяся ночью
а день придёт – произнесу
(конец рассказа…многоточье…)

* * *

ветер не ветер
а льдистое тёмное пламя
время шатается
словно бежит по мосту
выйдешь из дома
там сад с голубыми стволами
тайных берёз
что истоками к небу растут
это несбывшийся сон
переходит границы
чтобы себе пересказывать
прежние сны
чёрной рекой
зарекается белая птица
белым огнем

осыпается крик тишины

к облику облик
опять не увидишь лица и
помнишь себя не себя
там где дом и не дом
и остаешься нигде
потихоньку мерцая
светом фантомным
тебя окружающим в нем
даже не след
а к утру обнажившийся вечер
«хаос родимый»
что хаосом быть перестал
даже не смерть
а продление вещного вещим
странная живопись
жизнь за границей холста

нынче не мира
а лунного рима ровесник
ты не рискуешь
играя в смертельный гамбит
и никуда не бежишь
оставаясь на месте
став на орбите планеты
планетой орбит
их чернотой оглушенный
беспамятный напрочь
будь бессловесным
скрывайся таи и молчи
выйди из дома
там космос и Фёдор Иваныч
к звездам прильнув
дожидаются часа в ночи

* * *

Всем, рано ушедшим, посвящается

дитя растущих в небо фонарей
пророк что время голосом возвысил
ты доживёшь до отрывных календарей
до ветрено меняющихся чисел
но почему над пропастью во лжи

словами – рёбрами считаешь этажи
безбашенная юркая синица
в падении своём беспечно юн
тем кто услышит музыку твою
теперь алкоголически не спит(ь)ся
вы все набившие оскомину в душе
вам будет навсегда по двадцать шесть
по двадцать девятнадцать восемнадцать
уходит в бездну новая луна
но юность так пророчески точна
слепым стремленьем вовремя сорваться
и стать росой внезапного лица
сияньем золотым череповца
упавшим вниз уральским самоцветом
дитя земли рождённое поэтом
печальный сын проросший сквозь отца

* * *

медные трубы не разбирают нот,
вещие истины спят в глубине молчанья,
ищем, живём, записываем в блокнот
всё, что приходит ветрено и случайно –
голос летит по городу, невесом,
переплавляясь в миф, горловую песню -
снова гадаем, золото или сор,
вынесем ли, воскреснем…
музыка дремлет на заводном боку,
ночь призывает не нарушать обычай,
призрачный ловчий ищет в силках строку,
гордый своей добычей,
сон переходит в радугу, солнце, свет,
бьется забвенье в гулкой аорте суши -
вслушайся в медные трубы, которых нет,
если умеешь слушать…

* * *

я сегодня стоял
на плавучем мосту
мне казалось что я
вместе с морем расту
умножая немое наречье
облака от распятия
двух берегов
уводили меня

говорили let's go
станет легче

нынче что у тебя
воронье комарьё
скудно поле твоё
мелко горе твоё
как зима
заблудившейся веры
оставайся везде
продлевайся во всём
и тогда мы тебя
украдем унесём
станешь вербным

и дышу глубиной
и стою на мосту
проявляясь волной
причащаясь к посту
замеряя водой
расстоянье
от того где я плыл
до того где я есть
понимая что был
только здесь только здесь
постоянно

на плавучем мосту ...

ВОЛЧОК

баюшки баю ложись на бочок
мир до утра в ожидании замер
ночью по городу ходит волчок
смотрит в людей золотыми глазами
в мире заблудших в стране дураков
ищет таких же бессонных волчков

ходит ощерив клыкастую пасть –
если не хочешь бесследно пропасть
просто иди вдоль обочины звёздной
к горлу безмолвия в лес в тишину
и оставайся до полночи грозной
спать на краю и роптать на луну

нужен волнения резкий скачок
чтобы внутри оказался волчок
с вечной тревогой в мохнатой груди
ждущий чужого призыва «приди
и утащи в запределье своё
в мир где ни света ни сна ни краев»…

время придёт и за кромкой зари
пасмурный день дожует фонари
выключит фары продрогших газелей
чтобы из окон на них не глазели
лишь заплутавшие сны у реки
будут светиться как волчьи зрачки

Феликс ЧЕЧИК. Существующий только во сне

* * *

Докурю я последний чинарик
и последнюю рюмку допью.
И Венеру включу, как фонарик,
осветившую жизнь не мою.
Что ж, свети, – пусть не мне, но другому;
и пускай навсегда молодой
не тоскует по отчему дому
под моей путеводной звездой.

При вратах

1

О превратностях судьбы не споря,
заржавев, как в голосе металл,
я служу привратником у моря,
а на море так и не бывал.
Рыбка, рыбка – золотое чудо, –
ты – на самом деле – это я:
существуешь, плавая покуда,
возвращаясь из небытия.
Снова небо морю по колено,
съехал набекрень волны парик...
Завершается ночная смена.
Возвращается домой старик.
дома ждёт старуха молодая
жареная рыба золотая
счастье мрачной бездны на краю
спи мой мальчик баюшки-баю

2

Волны набегающие ратно
о берег разбились – в пух и прах.
С полночи и до восьми – привратно
я живу, как белый олигарх.
Все соседи – тоже олигархи, –
с ними я – вась-вась, они – петь-петь:
не скрываем друг от друга страхи,
чтобы до рассвета дотерпеть.
Маемся бессонными ночами:

кто в пентхаусе, а кто у врат
и спешим излить свои печали,
как сестра сестре, как брату брат:
как всегда поют своё финансы,
дети эгоисты, бабы зло, –
вот бы снова: танцы-обжиманцы
и от бормоты чтоб развезло,
чтобы снова честь подорожала,
чтобы зло бежало от добра,
чтобы снова: Визбор, Окуджава,
Кукин, Ким и Галич у костра,
чтобы сердце не сдавало вахту
и любовь не сделалась тюрьмой...
Он идёт, не торопясь, на яхту.
Я спешу на велике домой.
И не нужно шуток-прибауток!
Полный штиль. Пробито колесо.
Ждать недолго – через двое суток
встретимся и дорешаем всё.

3

И легче пуха, тише праха
и символом – добра и зла:
на фоне Иоганна Баха
жизнь полуночная текла.
Она текла, не вытекая,
напоминавшая желе,
привратная и никакая,
на обезлюдевшей земле.
И одиночества во мраке
немотствовала пустота,
где колыбельную собаке
скрипели ржавые врата.
Бессонницы тоска и морок,
как брага била по ногам.
Лишь вспыхивал надежды порох
и угасал, как Иоганн.

4

Не зная ни счастья, ни горя,
к любви подбирая слова,
привратником в доме у моря

работаю день через два.
И тратя бессмертную душу,
и тень наводя на плетень,
творю – прости, Господи! – сушу
на третий единственный день.

* * *
Ах, как хочется снова
возвратиться назад
на Тишинку – в торгово-
развлекательный ад.
Где вы, иглы и нити
и напёрсточники:
очевидцы событий
как без дужек очки?
Где вы, символ разрухи
и отчаянья «па» –
старики и старухи
и цыганок толпа?
Где вы, белые сажи,
где вы горы старья?
В невозвратности – там же,
где, конечно, и я.
От родимого крова
улетели за край
ненавидеть торгово-
развлекательный рай.
Ах, мы кролики-братцы, –
мы над бездной дрожим,
нам теперь отдуваться
за кровавый режим.
Мы живём втихомолку,
как в металле руда,
чтобы нитка иголку
не нашла никогда.

Даниил ЧКОНИЯ. Весеннее обострение

* * *

Взгляни в окно устало, когда наступит слом:
Во тьме летят составы за дальним, за холмом.

Какой привёл резон ты – ни сердцу, ни уму…
Видны ж им горизонты, хоть и летят во тьму.

А там холмы другие пронизывает свет –
Там горькой ностальгии уже на свете нет.

На что ж тебе пустая ухмылочка вранья?
Так воровата стая тупого воронья.

Она слетает к зверю, ползущему во тьму…
Ты думаешь, я верю молчанью твоему?

Мне и того не мало, что, не сдержав огня,
Сдавалась и ласкала упрямого меня.

Но стая воровата, сужаются круги…
Я заклинал когда-то: Не лги! Не лги! Не лги!

Как отзвучало имя, так пронесётся год.
Ну, что ж, лети с другими в осенний перелет.

Я заглянул в осинник. А после – в березняк.
Какой весенней синью по мне прошел сквозняк!

Какою горсткой пепла и жженою золой
Вспорхнула и окрепла душа, не ставши злой,

Где – утренние росы, вечерний шепоток,
Где в мир светловолосый струится дней поток!

* * *

Души январский лед ломая,
Резвился март, за ним – апрель.
Люблю весну в начале мая! –
Не повторяем ли досель?

Май – то холодный, то горячий –
Как щеки звонкого юнца…
Присматривайся, сердцем зрячий:
Взметнулась первая пыльца!

А там и зелень пообвыкла,
И тополь за окном промок…
За стрекотаньем мотоцикла
Повис синеющий дымок.

Кипенье солнечного диска
Стекло в больничную кровать.
И кажется, что небо близко
И можно бы не тосковать…

ВЕСНА В БЕЛЬГИИ

Так, значит весна? И робкое солнце в Льеже!
Французская речь, переулков веселых звень.
Мы шли по холмам, а холмы валлонские – те же,
И та же нежность заката украсила день.

Ну, значит весна! И к радости нашей вящей
У длинной субботы веселых витрин игра.
И сумрак собора несерый, ненастоящий,
И жаль, что – пора. А куда нам теперь пора?

Стоянка, забор, новостройка, текст для дебила –
Искусство граффити, сухая пыль.
А рядом – праздник. Но с нами все уже было.
И то, что есть, превратится в привычную быль.

А все же весна! Выходит, весна! И все же
Мы так непохожи, как свежих ветвей листва
Несхожа с листвой, скользившей по нашей коже,
Где воздух иной, иные звучат слова…

ДАВНЯЯ ВЕСНА

Дэвиду Губенко

Во сне страдает прокурор:
Козырный туз летит по марту.
Портовый вор – фартовый вор
Не передергивает карту.

 А шулер шарит под столом
И пальчиком ползет к ботинку…
Ну, идиот, ну, дуролом!
Гляди, напорется на финку!

Я этой публике не кум.
Чтоб отираться здесь ночами.
С чего же вдруг пришло на ум,
Как поводили мы плечами.

А днем, покуда спит беда.
Весна ломает елки-палки.
Журчит веселая вода
И черный снег сочится в балке.

Там из невидимых берлог –
Еще во всхлипах, вздохах, всхрапах –
Ползет на полуголый лог
Зимы тяжелый спертый запах.

Но, выпроставшийся из пут
На сине-розовом рассвете,
Окреп и в полдень – тут как тут! –
Дохнул от моря свежий ветер.

И мы, чья первая строка
Еще не набрана петитом,
У портовского блатняка
Уводим девок аппетитных!

* * *

Полдень рассупонился, к тому же
Столько рытвин посреди двора,
Что повсюду лужи, лужи, лужи,
Мокрая весенняя пора.

Разбегайтесь, тетки, да мамзели!
Видно, ухарь здесь не в первый раз
Веселится на своей «Газели»,
С наглой мордой поддавая газ.

Вовремя попавшийся прохожий,
Видя, как старуху он обдал,
Всё-таки я правильно по роже
Молодому негодяю дал.

* * *

ветер бросил горсть песка
и не оттого ли
показалось смерть близка
до сердечной боли

но ещё один порыв
ветра злой и свежий
мне шепнул: до той поры
ты ещё и не жил

понапрасну не пеняй
не ругай погоду…
понял хватит для меня
молока и мёду

и пошёл я вдоль волны
бережной прибрежной
вдоль взбухающей весны
в сердце в песне нежной

* * *

воробьи сбиваются у луж
голуби целуются на крыше
солнышко распахнуто к тому ж
я с душой распахнутою вышел

пахнет воздух новою весной
вон щенки тряхнули головами
что случилось с ними и со мной
не могу я передать словами

Лев АЛЬТМАРК. Последняя сигарета

…А ведь и в самом деле я курю много! Настолько много, что уже устал курить. Мерзкое состояние, когда ложишься спать и знаешь, что ночью два-три раза проснёшься от кашля, выворачивающего тебя наизнанку. Но ничего поделать с собой не могу и, едва открываю глаза утром, рука помимо желания сама тянется за сигаретой. Пытаюсь оттянуть момент первой затяжки и… опять не могу ничего с собой поделать.

Что я только ни пробовал: растягивал время между перекурами, отсчитывал определённое число сигарет на день, сосал по совету друзей бесчисленные леденцы, наклеивал на руку антиникотиновый пластырь… Но стоило лишь отвлечься или из-за чего-то понервничать, как рука на полном автомате вытягивала из кармана пачку и зажигалку.

Жена уже перестала ругать меня за курение, лишь поглядывала искоса и только качала головой. Для неё я – человек безвольный, постоянно обещающий и никогда не выполняющий свои клятвы. Слабак, короче, ни одному слову которого верить нельзя.

Я менял марки сигарет – покупал самые дешёвые и неприятные, но это лишь подталкивало потом залезть в стол, где всегда лежала дежурная пачка любимого «Кэмела» и насладиться ароматным сладковатым дымком любимой отравы…

В этот день я, как обычно, ехал на поезде в мегаполис, где мне предстояло попасть в министерство и провести встречу с людьми, от которых многое зависело в моей будущей карьере. Наверное, уже следовало бы привыкнуть к тому, что ни один шаг не даётся легко, и подобные переговоры необходимы каждому из нас время от времени, так что нужно относиться к ним спокойно и не нервничать. Но я каждый раз ехал так же, как сегодня, по спине пробегала нервная дрожь тревожного ожидания, и усидеть на месте я просто не мог.

Пару раз я выходил курить в тамбур и всё время просил попутчика, сидящего напротив, присмотреть за моим рюкзачком, оставленным на лавке. Иначе моё место займут, и придётся стоять в проходе.

- Вижу, вы много курите, молодой человек, – наконец, сказал попутчик, когда я очередной раз вернулся из тамбура, – это же крайне вредно! Да вы и без меня это прекрасно знаете.

И тут я впервые внимательно посмотрел на него. Это был мужчина средних лет, в лёгком плаще и шляпе, надвинутой на глаза. Сквозь толстые стёкла старомодных роговых очков на меня насмешливо смотрели умные и внимательные глаза.

- Вы врач, – спросил я его, – если так категорично рассуждаете о курении?

- Нет, но когда-то давно так же, как и вы, много курил, в результате чего сильно болел, а потом, наконец, сумел бросить. Иначе бы меня уже не было.

Вероятно, ему было просто скучно ехать и молчать. Сейчас он начнёт выдавать мне очередной стопроцентный рецепт борьбы с курением, которым я пообещаю непременно воспользоваться и, конечно же, сразу забуду, едва выйду из вагона.

— Вот посмотрите, — мужчина расстегнул плащ и стал копаться во внутренних карманах.

На столик передо мной легла немного помятая пачка сигарет, и я вопросительно глянул на мужчину:

— Зачем вы её показываете?

— Когда-то эта пачка была полной, а сегодня в ней осталась лишь одна сигарета. Можете заглянуть и проверить.

Заглядывать в пачку я не стал, лишь удивлённо спросил:

— Ну, и что вы этим хотите сказать?

— Мне эту пачку подарил один незнакомый старик на набережной в Яффо и объяснил, что эта пачка не простая, а волшебная: едва я выкурю в ней все сигареты, то после последней сигареты наступит моя смерть. Очень скорая и мучительная. То есть, лучше эту сигарету оставить нетронутой. Тогда буду жить.

— И вы ему поверили?

— Поверил или не поверил — какая разница? Просто я уже давно собирался бросить курить, и мне нужен был очередной повод.

— Ну и…?

— Я выкурил все сигареты в пачке, а последнюю сигарету оставил. Не стал рисковать. Мало ли какая чушь могла бы со мной приключиться. Могло быть совпадение, но… вдруг эта сигарета и в самом деле какая-то заговорённая? Вот она.

Я без интереса глянул на последнюю сигарету — ничего необычного в ней не было. Такая же, как и все.

— Всё-таки вы поверили старику, — усмехнулся я. — Можно же было, наверное, оставить эту сигарету в пачке нетронутой, а купить новую пачку и продолжать курить как ни в чём не бывало?

— Наверное, можно было бы. Но я решил не искушать фортуну, а просто перестал курить. Мало ли что… Эту же сигарету постоянно ношу с собой и показываю таким злостным курильщикам, как вы. Не в назидание, а так, для информации.

Некоторое время мы ехали молча, и я без интереса разглядывал всё, что проносилось за окном. Потом вдруг попросил мужчину:

— Подарите мне эту свою сигарету, а? Вы-то, как я понял, уже совсем не курите, и вам ничего не угрожает. Мне бы так…

Некоторое время мужчина молчал, потом кивнул головой и щелчком подтолкнул пачку ко мне:

— Забирайте. Мне она и в самом деле уже не понадобится.

Перед тем, как выйти на своей остановке, я поинтересовался у него:

– Собираетесь жить вечно?

Мужчина ничего не ответил, лишь усмехнулся и помахал мне на прощанье рукой.

Казалось бы, крохотный эпизод, не заслуживающий внимания, но он почему-то врезался в память, и всю дорогу до министерства я шёл и раздумывал о мужчине в поезде.

Конечно же, нет сомнений, что курить вредно, и можно прекрасно обходиться без этой, как любят говорить, пагубной привычки, но… чёрт побери, как иногда приятно затянуться хорошей сигаретой в минуту отдыха или помочь перегруженным мозгам решить какую-нибудь заковыристую задачу! Даже внимания порой не обращаешь на то, как выкуриваешь одну, потом другую сигарету и останавливаешься лишь тогда, когда начинает першить в горле и от дыма слезятся глаза.

Я вытащил из кармана подаренную пачку, повертел в руках, достал сигарету, посмотрел на свет и даже понюхал. Ничего необычного в ней было – сигарета как сигарета. Таких за день выкуриваешь пачку. А вот когда пачка заканчивается, тогда становится неуютно, и сразу тянет подхватиться и бежать в сигаретный ларёк за новой.

А бросать курить, наверное, и в самом деле необходимо. Вдруг эта сигарета мне поможет?

Сразу же я чисто автоматически переложил сигареты из своей полупустой пачки в эту и сунул её в карман. Зачем оттопыривать карманы?

И вдруг я понял, какую ошибку совершил. Сигареты-то я рано или поздно прикончу, но… какая из них та, роковая, после которой… Надо же было её как-то пометить!

Проще простого, наверное, отложить теперь всю пачку в сторону, спрятать её и больше к ней не прикасаться. Но я-то себя прекрасно знал и не сомневался, что все мои мысли теперь будут крутиться вокруг этой злосчастной пачки, и я рано или поздно не выдержу – полезу в неё, несмотря на опасность… Хватит ли у меня силы воли терпеть и не курить, пока добегу до ларька за новой пачкой?

Хотя… хотя всё это полная чепуха – кто-то что-то сказал, наплёл с три короба, придумал какого-то старика-волшебника из Яффо, а я развесил уши и теперь почему-то раздумываю об этом! Будто у меня других проблем нет.

Сегодняшний день не задался. Проект, ради которого я ездил в мегаполис просить деньги, провалили. Комиссия из учёных мужей внимательно выслушала меня, покивала мудрыми головами, но спустя некоторое время вынесла отрицательный вердикт. Злой, как тысяча чертей, я выскочил в министерский коридор и понёсся в курилку. Чтобы немного разгрузиться и прийти в себя, мне нужно было выкурить сигарету, отдышаться и потом уже отправляться домой. Делать здесь было больше нечего.

Хорошо, что по дороге сюда я успел предусмотрительно купить в каком-то ларьке ещё сигарет, потому что наверняка не вспомнил бы о той роковой сигарете, лежащей в пачке, что у меня в кармане, и обязательно вытянул бы из неё первую попавшуюся сигарету.

Закурив, я уставился безразличным взглядом в окно, а в ушах по-прежнему звучал скрипучий старческий голос председателя комиссии, выносившего смертный приговор моему проекту. А ведь я так его лелеял в мечтах и надеялся, что, благодаря ему, сумею приподняться в этой жизни и показать всем своим знакомым, что собой представляю...

– Простите, молодой человек, – раздался за спиной знакомый голос, – вижу, что вы не на шутку расстроены, ведь так?

Это был противный старикан, председатель комиссии, который отправился в курилку следом за мной, и теперь стоял в двух шагах, криво усмехаясь.

– Чёрт подери, – вдруг выругался он, пошарив в карманах, вероятно, в поисках сигарет, – наверное, оставил их в пиджаке на стуле, надо возвращаться...

Я ничего ему не отвечал, лишь стоял у окна и с откровенной ненавистью поглядывал на него. А он тряхнул головой и вдруг быстро заговорил:

– Я бы на вашем месте не принимал всё так близко к сердцу. Какие ваши годы – у вас ещё всё впереди. И новые проекты, и успех, и долгие годы плодотворной работы... Не то, что у меня!

Мне хотелось поначалу со злобой сказать ему, что про какой успех можно вести разговор, если такие бюрократы, как он, зарубают всё на корню. Но я лишь отвёл взгляд в сторону.

– Вижу, вы считаете меня главным виновником того, что проект отклонён... Напрасно. У меня в своё время тоже зарубали проекты, и не один, но ведь я выстоял и добился своего. Не мытьём, так катаньем. Вот и вам повезёт, я в этом уверен... Дайте, что ли, сигарету, а? И перестаньте дуться!

Он подошёл ближе и заглянул в мне в лицо своими старческими прозрачными глазами сквозь толстые линзы очков.

И тут я мстительно подумал, что угощу-ка его сигаретой из пачки, в которой припрятана роковая сигарета. Вероятность, конечно, небольшая, что он вытащит именно её, но мало ли как судьба распорядится. Зла я ему не желал, но и добра тоже...

Некоторое время председатель комиссии молча курил, с наслаждением и жадно затягиваясь дымом, а я поскорее бросил свой окурок в пепельницу и ушёл, так ничего не сказав ему и даже не попрощавшись.

Утро у меня началось с телефонного звонка. Это оказался какой-то незнакомый следователь из полиции, да и знакомых в полиции у меня никогда не было. Он почему-то принялся дотошно выпытывать у меня, где я был вчера весь день и чем занимался. Простые и однозначные ответы его не устраивали, и он каждый вопрос задавал в разных вариациях по два-три раза.

Наконец, меня это не на шутку разозлило, и я грубовато заявил, что, если он хочет побеседовать со мной более детально, то пускай не морочит голову чуть свет, а вызывает к себе повесткой. Я же сейчас занят и не хочу тратить время на беспредметную болтовню.

— Хорошо, как скажете, — ответил следователь, — если хотите повестку, я вам её пришлю. Но вы почему-то даже не поинтересовались причиной, по которой я вам звоню.

— Ну, и что за причина?

— Вы вчера были на министерской комиссии и последним беседовали с её председателем…

— С ним что-то произошло? — внутри у меня всё похолодело.

— После разговора с вами он вернулся в свой кабинет, и, когда спустя пятнадцать минут к нему кто-то заглянул, он был без признаков жизни.

— Я-то здесь причём? — только и сумел пробормотать я. — Меня с ним в кабинете не было, вы это сами прекрасно знаете.

— Знаем, — подтвердил следователь, — но нам хотелось бы выяснить, о чём вы с ним беседовали. Может, обидели человека настолько, что у него после этого случился инфаркт. А значит, тогда вы косвенно причастны к его смерти.

— Какой инфаркт?! Я вообще ничего ему не говорил, только стоял и молчал, — неуверенно ответил я, хотя прекрасно понимал, что следователь моим словам не поверит. — Мы с ним лишь выкурили по сигарете, и я первым ушёл, а он ещё оставался.

— Хорошо, — вздохнул следователь. — На этом наш разговор пока завершим. Если понадобится уточнить какие-то детали, мы и в самом деле пришлём вам повестку, как вы просите…

После телефонного звонка я долго не мог найти себе места. Выходило, что сигарета, которую я дал председателю, оказалась именно той самой, от которой… Я всячески отметал эту абсурдную мысль, полагая, что в качестве байки или предостережения против курения эта история ещё сгодилась бы, но, когда реально гибнет человек, это уже непонятно. Хотя… была же у меня подлая мыслишка подкинуть эту злополучную сигарету именно ему! Наверное, надеялся на что-то.

Я вытащил из кармана пачку с оставшимися сигаретами и принялся разглядывать. Ничего особенного в них опять не было, да и не могло быть. В пачке оставалось пять сигарет и, по всей видимости, уже совершенно безопасных, ведь ту, от которой гибнут, уже вытащили.

Моя рука невольно потянулась за сигаретой, однако я вдруг подумал, что лучше из этой пачки сигареты всё-таки не брать – мало ли что. Выбросить её, что ли, чтобы не мозолила глаза?

И всё равно загадка оставалась загадкой. Проще всего, наверное, похоронить в мусорном ведре эту злополучную пачку с оставшимися сигаретами и забыть обо всём, но я уже понимал, что этого не сделаю. Почему – и сам не ответил бы на этот вопрос.

Вздохнув, я сунул её в карман. Мало ли когда пригодится.

И эта пачка в самом деле пригодилась, пролежав в кармане всего пару дней.

В тот день вечером, когда я вышел прогуляться и подышать перед сном воздухом, в тёмном переулке ко мне пристало трое подвыпивших мужичков. Чувствовалось, что настроены они крайне агрессивно и только искали повод, чтобы к кому-то прицепиться.

– Слушай, дядя, – потребовал один из них, – ну-ка дай денег, а то на бутылочку пива не хватает. Да не жмись, высыпай всё, что есть!

– Нет у меня с собой денег, – развёл я руками, – я просто прогуляться вышел. Какие деньги?

– А если мы сами пошарим у тебя по карманам? – подхватил второй. – Ведь хуже будет, если найдём что-нибудь!

– А кто вам разрешит копаться в моих карманах? – хмуро ответил я, уже понимая, что добром эта встреча не закончится.

– Мы и спрашивать не будем! – Третий сразу стал хватать меня за рукав. – А ну, подержите его, хлопцы, чтобы не трепыхался!

Денег в карманах у меня не было, зато была пачка с оставшимися пятью сигаретами.

Первый из мужиков, наверное, их предводитель, покрутил её в воздухе, разглядывая, и вынес приговор:

– С паршивой овцы хоть шерсти клок! Забираем сигареты и погнали отсюда, пока полиция не появилась!

Меня оттолкнули в сторону и, не оглядываясь, скрылись в темноте.

– Э-э, мужики, – вдруг донёсся из темноты голос второго, – нельзя забирать последнюю сигарету у клиента. Не по понятиям это. Взяли себе по сигарете, а остальное надо вернуть. Примета такая.

Сразу же первый вынырнул из темноты и молча сунул мне в руку помятую пачку, в которой оставалось всего две сигареты.

– Скажи спасибо, что две вернули, а не одну, – мужик презрительно цыкнул зубом, – а то… Да, и за зажигалку спасибо! Не обижайся, дядя, делиться надо с ближними…

Домой я вернулся злой и взбудораженный. Давно я уже не сталкивался с уличными хулиганами. Мне всегда казалось, что если ты человек положительный, а это видно даже по внешнему облику, то к тебе никто и приставать не будет. Видно, ошибался.

Одно и утешало, что никакого серьёзного урона мне не нанесли – ни побили, ни унизили серьёзно, а то, что вытащили сигареты из кармана, так это не так страшно. Тем более, сигареты – из тех самых. Я и курить их не собирался…

После это два дня ничего необычного со мной не происходило, но до тех пор, пока в вечерних новостях я неожиданно не услышал о том, что в парке неподалеку от нашего дома произошло чрезвычайное происшествие. Два дня назад гуляющие собачники под утро обнаружили на детской площадке три бездыханных тела. То, что это не связано с какими-то криминальными разборками, стало ясно сразу, но оттого вся эта история становилась ещё более загадочной и непонятной. Причина смерти этих людей уточняется, но полиция просит свидетелей, если таковые найдутся, позвонить по указанному телефону и поведать всё, что видели.

Я сидел, замерев, перед телевизором и пристально всматривался в лица на фотографиях, и это были именно те мужички, которые напали на меня и отобрали сигареты. В этом я уже не сомневался, хоть их тогда в полумраке не очень хорошо рассмотрел.

Наверное, стоило позвонить в полицию и рассказать о том, как они перед самой своей таинственной смертью напали на меня и отняли сигареты, но тогда начались бы всевозможные расспросы, и непременно всплыла бы история со смертью председателя министерской комиссии, с которыми я курил незадолго до этого…

Передо мной на журнальном столике лежал сотовый телефон, на который я то и дело поглядывал, а рядом с ним – пачка с двумя оставшимися сигаретами. Неужели причина всех этих смертей именно в этой пачке?!

– Чушь какая-то! – проговорил я вслух и потянулся за сигаретой. – Быть такого не может! Это просто плод больного воображения! Угораздило же меня разговориться с мужиком в поезде… Я вам всем докажу, что это не так! Рассказывайте свои дурацкие сказки другим!

Минуту помедлив, я решительно чиркнул зажигалкой и сделал первый глубокий вдох. Сладковатый сигаретный дым – и я даже почувствовал это – потёк по моим жилам, всё глубже и глубже проникая в каждую клеточку тела.

Перед глазами помимо желания стала проноситься вся моя жизнь, и я даже вздрогнул, нисколько не ожидая, что это когда-то может со мной произойти. С чего, спрашивается? Тем не менее, я сидел, как завороженный, и ничего не мог с собой поделать.

Но проносилась жизнь как-то странно: всё, что мне всегда казалось интересным и знаменательным, прокручивалось, как в старом трещащем кинопроекторе, на большой скорости, притом настолько большой, что я даже не успевал на чём-то зафиксировать внимание. Зато какие-то незначительные эпизоды вдруг замедлялись и вставали яркой и выпуклой картинкой, словно были самыми важными и судьбоносными. Юность, молодость, наступившая зрелость – всё это бежало, будто стремилось к какому-то неизбежному роковому финалу, ради которого показ и затевался… А эти эпизоды совместного курения со стариком, председателем комиссии, и общения с тремя уличными хулиганами… Почему именно это вставало в глазах наиболее ярко и с деталями, которых я раньше просто не замечал? Неужели именно эти пустяки имели какое-то значение в моей судьбе?!

Краем глаза я поглядывал на сигарету, подрагивающую между указательным и средним пальцами, и мне очень почему-то не хотелось, чтобы она заканчивалась, превратившись в пепел, который я уже дважды стряхивал в пепельницу. Словно жизнь моя следом за этой сигаретой потихоньку скукоживалась и догорала до белёсой хрупкой трубочки пепла, и он, остывая, опадал и превращался в бесформенные невесомые хлопья, уже ничем не напоминавшие сигарету.

Хоть и не хотелось мне, чтобы сигарета заканчивалась, но я упрямо вытягивал её, и опять ничего не мог с собой поделать. Других способов раз и навсегда ответить на мучивший меня вопрос не было. А что это был за вопрос – и сам уже не мог вспомнить, но важней его для меня сегодня ничего не было…

Я лишь закрыл глаза, откинулся на спинку кресла и принялся ждать…

Александр ЕВСЮКОВ. Танцующий лес

Этот её бесконечный разговор с Денисом о своём увольнении то прерывался, то возобновлялся уже третий день. Нина снова и снова заводила его, будто расчёсывая кожу в одном и том же месте. А Денис вновь садился рядом, чтобы выслушивать её с вежливой скукой, как бестолковое дитя, за которым его упросили присмотреть. И при каждой возможности он переключался на что-то более важное: билеты, багаж, срочное письмо на рабочий мейл, звонок из автомастерской или торг с таксистом за лишние сто семнадцать рублей. Ему всё давно было ясно и хотелось только уклониться от пустой траты времени на весь этот семейный психоанализ.

Нина же, замолкая, перебирала в памяти те заповедные уголки, в которых она с детства мечтала побывать. Обязательно в Стокгольме с его Вазастаном и в Лондоне на Бейкер-стрит; искупаться под Ниагарским водопадом и, конечно, оказаться в Долине гейзеров. «О-о, это сладкое слово „Камчатка“!» Однако самым ближним из её «незакрытых гештальтов» оказалась Куршская коса поблизости от Калининграда. Там огромные дюны вдоль моря и бессчётное множество деревьев, в едином ансамбле танцующих на солнечном ветру. Денис мгновенно подсчитал, что это будет самый реальный вариант – всё успеть и вернуться за его выходные. Она отстранённо кивнула в знак согласия.

Конечно, Дениса раздражали и сама ситуация, и все эти душевные мучения его чудаковатой супруги. Когда же она повзрослеет, как другие? Он четырежды подтвердил, что тоже её любит, ободряюще обнимал и говорил, что всё понимает и отчасти разделяет. Он даже согласился на интим не по своему графику. Надеялся, хотя бы это поможет. И что получил?.. Неподвижное бревно с затравленными глазами! Она будто напрочь забыла, как реагировать на его ласки.

Когда же, крутилось в Нининой голове, когда же за эти неполные три года всё стало необратимым?.. В самом начале, на собеседовании, когда она вдруг забыла именно то, что точно знала, и несколько раз мялась, будто в школе у доски, а этот гладковыбритый дядюшка с заострённым носом и благородной сединой так благодушно ей подсказывал? «Поздравляю, Ниночка, вы приняты, теперь я ваш непосредственный руководитель, меня зовут Олег Валерьевич…» Или когда хохотушка Жанка ушла от них в филиал и уже она, Нина, стала время от времени ловить на себе его внимательные оценивающие взгляды?.. Или в тот раз на корпоративе, когда сразу после шампанского, среди громких поздравлений лучшим сотрудницам, она вдруг услышала свою фамилию и узнала о неожиданно щедрой премии? Олег Валерьевич был в ударе, он казался помолодевшим, тонко и порой неожиданно смешно шутил, и Нина почувствовала внутри внезапное любопытство, нараставшее, как зуд от укуса. Он как бы случайно дотронулся до её плеча и, как бы извиняясь, улыбнулся, а она впервые засомневалась, не стоит ли ей всё-таки сделать маленький шажок ему навстречу. Конечно, совсем чуть-чуть и тут же вернуться на место. И она улыбнулась в ответ…

Здесь, в номере калининградской гостиницы с двумя кроватями и одной тумбочкой посередине, Денису вдруг представилось, что Нина, продолжая этот тягомотный разговор, заводит мотоцикл с толкача, не умея его водить и не зная, куда потом нужно ехать. Вот сейчас она станет вполоборота и снова заговорит.

…Нина улыбнулась, и во взгляде Олега Валерьевича промелькнуло что-то победное. Он вновь придвинулся, готовый отпустить комплимент, однако тут ему позвонили, и он против собственной воли приложил трубку к уху. Непосредственный руководитель слегка изменился в лице, хотя и старался держаться по-прежнему, – он кивал и напряжённо поддакивал, как будто стремясь запомнить все указания сквозь хмельной туман. Нина догадалась, с кем именно он может так говорить. С каждой минутой его вид менялся всё сильнее: шея покраснела, а усы обвисли. Нина вдруг отчётливо вспомнила жену Олега Валерьевича, которую видела только раз. Тогда она показалась ей настоящим человеком-тараном с плечами борца, широкими бёдрами и грозным пронзающим взглядом. Нина представила в подробностях, что будет, если та о чём-то таком узнает. Её заколотил озноб и, отставив бокал, она поскорее отошла от столика. С того самого вечера всякие мысли о маленьком шажке навстречу покинули Нину.

– Ну да, работа…– произнёс Денис, – придётся немного заморочиться и найти тебе другое место. Похожее, с привычным функционалом, но где ты не будешь глупить.

И он погладил её по растрёпанным русым волосам. Нина почти уже кивнула, но вдруг расслышала эти последние слова.

– Чего не буду? – недоверчиво переспросила она.

– Глу-пить, – по слогам терпеливо повторил Денис.

– Я?..

– Ну конечно, кто же ещё? Все через это проходят раньше или позже. И тебе тоже нужно повзрослеть.

Она вывернулась из-под его ладони.

– Ты что такое говоришь, Денюша? Он же мне предлагал, чтобы я с ним… Намекал, очень прозрачно, обещал, что у меня всё будет. Я стала его избегать, проскальзывала пораньше или пряталась. И конечно, ничего ему не позволяла. Но сначала это его только распаляло – думал, что я ломаюсь. А потом он как-то резко перестал и однажды вызвал меня к себе, сказал, что всё понял и уважает мой выбор. Как же я обрадовалась и как глубоко выдохнула тогда! А через две недели или даже меньше он попросил об услуге – надо было написать заявление и уступить своё место другой девушке. Сказал, что такой поступок будет проявлением лояльности с моей стороны. А мне пообещал повышение в другом отделе. Гарантировал, что уже есть точные договорённости. Ну, я и поверила, и сама этой рукой всё подписала.

– Но тебя же перевели, правда?

– Да, только вместо повышения – на самое дно.

Денис покачал головой:

– Наверняка был компромиссный вариант. Сначала, конечно, надо поторговаться. Ты всё-таки привлекательна, особенно для мужчин постарше.

Нина глядела на него, как будто не узнавая. А её любимый муж продолжал рассуждать:

– Или, наоборот, надо было как следует подготовиться – вывести этого кобеля на разговор и записать на диктофон. У меня же есть подходящий, убирает помехи и всё очень чётко слышно. Кладёшь заранее в сумочку, потом только кнопку нажать и – пусть говорит! Всё зафиксировать: что обещает, чем угрожает.

– Я так не смогу. Ну, чтобы говорить с человеком, улыбаться, а самой кнопку нажать и всё записывать.

– А так – что ты ему предъявишь? Одни свои эмоции?

– Не могу…

– Слушай. Нин… я знаю, тебя выперли через год с актёрского. Но почему-то же туда взяли?

– Не знаю почему. Кого я, по-твоему, должна играть в жизни?

– Ты ничего не должна. Но, запомни уже, тебе этот мир тоже ничего не должен.

– Значит, надо прогибаться или шантажировать?

– Типа того, – сказал Денис.

– А ты… всегда так делаешь?

– Се ля ви, – чуть заметно пожав плечами, ответил он.

Выйдя из номера, он запер дверь на два оборота, и они спустились вниз. Там уже ждал микроавтобус.

****

Невысокий поджарый мужичок в кепке и старомодном костюме пришёл раньше других и в томительном ожидании топтался под деревом, прикуривая уже третью папиросу. Усатый крепыш-водитель прошагал мимо и широко распахнул дверь автобуса, но забраться внутрь первым мужичок стеснялся. Только дождавшись Дениса с Ниной, он юркнул внутрь следом за ними.

Почти все подходили парами. Вот из-за спин родителей вырвались и загалдели двое неумолчных детей. Автобус наполнялся людьми и разговорами.

В кабину заглянула экскурсовод – худая женщина с внимательными серыми глазами. Поздоровалась с водителем, представилась всем остальным и раскрыла папку со списками.

– Архонтова? – спросила она, сделала паузу, но, не дождавшись ответа, двинулась по списку дальше.

Экскурсовод назвала их с Денисом фамилию. Но сегодня это сочетание звуков, от которого у Нины всегда, все три совместных года теплело на душе, вдруг вызвало странную неловкость, даже стыд. Стало как-то душно и скользко. Захотелось отвернуться к окну и смотреть на что попало, только бы не на него и не отвечать на этот короткий прямой вопрос. Но Денис слегка подтолкнул её локтем, и пришлось подать голос: да, она тоже здесь.

– Ар-хон-това? – громко переспросила экскурсовод и огляделась.

И снова молчание. Одно место сзади, «на колесе», оставалось пустым.

– Архонтова И. Б.? – к фамилии добавились инициалы.

Тишина.

– Ждём пять минут, – подытожил усатый водитель.

Все притихли. Время стало тягучим. Завёлся мотор. Нина всё сильнее ощущала эту скользкую духоту. На исходе пятой минуты с крыльца гостиницы спустилась широкобёдрая дама в шляпе. Она размеренно цокала каблуками и своим видом сразу напомнила Нине жену Олега Валерьевича. Тот же таранный напор, та же непрошибаемая уверенность в своей правоте и всеобщем внимании.

– Это вы Архонтова? – уточнила экскурсовод.

– Инесса Борисовна, – отчеканила та.

Густо накрашена и, кажется, готова к любому скандалу. С близкого расстояния её таранная мощь ощущалась ещё сильнее.

– Тогда давайте скорее, ехать пора, – сказал водитель скороговоркой.

Но, кажется, жужжание комара привлекло бы больше её внимания. Поставив ногу на ступеньку, Инесса Борисовна пристально оглядела салон.

– Я – не бревно! – громогласно объявила она. – И туда не сяду.

«Ну и мы не брёвна», – шёпотом невольно возмутилась Нина и по встречному взгляду тут же поняла, что нажила себе врага. Денис полуиронически улыбался, как бы извиняясь за свою невыдержанную спутницу и сожалея, что всё начинается с такого казуса. Другие пассажиры стали переглядываться.

Водитель ещё что-то возражал, но все его никчемные аргументы уже трещали, как ворота обречённой крепости.

– Кхм, да вы это – сядьте заместо меня. А я вон, кх-кхм, туда перейти могу…

Смущённо покашливая, мужичок в старомодном костюме

неожиданно разрядил ситуацию. Сам он тут же проскользнул назад, напоминая птицу, которую спугнули с ветки.

Добытое с боем кресло немедленно превратилось в трон, а Инесса Борисовна величественно на него воссела. Нина чувствовала, что злится на эту самую И. Б. и в то же время невольно восхищается ею. Сама она так не может, и никогда не могла. От любого конфликта всегда испытывала чувство неловкости и неуместности любых своих слов. А этой особе скандальность даже шла, делала её куда интереснее и притягивала взгляды.

Мимо проплывали панельные здания, уцелевшие бастионы форта, лютеранская кирха, православный собор. Стремясь поскорее сгладить неприятный инцидент, экскурсовод говорила и говорила. Сыпала фактами, датами, погружалась в тевтонское Средневековье и проплывала по Восточной Пруссии с её великим философом Кантом, чтобы вновь вынырнуть в современной России. Только иногда она едва заметно морщилась, будто превозмогая себя.

Нина тихо, но прерывисто дышала. Она очень хотела отвлечься и старалась слушать и запоминать, но любая история тотчас проходила насквозь, продувая её, как ветер. Ну нет! Не могла же она так сильно в нём ошибиться. Денис просто пошутил и не хочет сознаваться, или она что-то не так поняла. Он так много работает, куда больше, чем она, он устал и, понятное дело, мог вспылить и неточно выразиться. Конечно, он ей не изменяет. Ни разу не пробовал поднимать на неё руку. Она не могла выразить, что именно у них не так, и, значит, надо перестать об этом думать. Надо просто доехать до этой самой косы, просто полюбоваться этим самым Танцующим лесом, просто искупаться в морском прибое, улыбнуться друг другу, и всё-всё снова будет хорошо. Она прижалась к плечу Дениса.

— В национальном парке водятся разные животные, — предупреждала экскурсовод. — Например, лоси, лисы и кабаны. Бывает, они подходят к автомобилям и заглядывают в них. О случаях нападений на человека нам ничего неизвестно, но очень советую каждому из вас быть осторожным!

В зеркале заднего вида едва заметно усмехнулся водитель. Этот пассаж должен был пощекотать нервы приезжим!

* * * *

Нина закрыла глаза, вдруг осознав, что это и есть тот самый волшебный Танцующий лес. Что она стоит теперь в самой его середине, после того как они уже поднимались по крутой лестнице и смотрели над дюнами вдаль. Нина отчетливо представляла себе, как движутся эти страшные горы песка и как на твой казавшийся надёжным обжитой дом, вставший у них на пути, неотвратимо накатывают песчаные волны. И нужно поторопиться, собрать пожитки, и, увязая то по щиколотку, то по колено, спасаться в глубине земли.

Потом было купание в море. Денис вбежал в воду, не дождавшись Нины, и уже успел покрасоваться, проплыв баттерфляем вдоль буйков. Мужичок, аккуратно сложив на какую-то подстилку свой костюм и накрыв рукавом кепку, запрыгнул в пену и вскоре вынырнул, смешно отдуваясь. Инесса Борисовна в закрытом купальнике потрогала море ногой и презрительно взирала на них обоих с берега. Нина вошла по колено в прохладную воду, и что-то внутри стало оттаивать. Прежняя жизнь вновь замаячила перед ней. Она очень постарается не глупить, чтобы всё у них исправилось.

Но здесь, в Танцующем лесу, все разбрелись, поскрипывая досками, по деревянным переходам. Все что-то разглядывали, куда-то указывали и фотографировались на фоне. А она вдруг – так неожиданно – от живота к груди почувствовала боль этих искорёженных деревьев, с их покалеченными корнями, по которым все топчутся, не замечая. В насмешку их прозвали «танцующими», чтобы приезжать сюда и бесконечно удивляться, ни на секунду не задумавшись об их вечном страдании. Заглушая всё частыми смешками, щелчками фотоаппаратов и звуками собственных шагов.

* * * *

Янтарь просвечивал на солнце. Все что-нибудь разглядывали и обязательно прицанивались. Инесса Борисовна успела поторговаться и купить сразу несколько украшений. Нина взяла симпатичную брошку и бусы коньячного цвета.

Рядом продавались бутерброды, шипучка, мороженое, чай и кофе. На природе после купания всегда просыпается особенный аппетит. Инесса и сюда прорвалась первой. Мужичок с костюмом через руку тоже запасся бутербродом и, откусив ровно половину, аккуратно завернул остаток в салфетку.

Экскурсия заканчивалась. Пересчитав всех по головам, они тронулись обратно. Предстояла та же дорога, какие-то заключительные слова, разглядывание фото.

Инесса, хрустя фольгой, разворачивала бутерброд с красной рыбой. Трапезничать в салоне вроде бы не полагалось, но водитель только поджал губы – сделать ей новое замечание он уже не решался. А она снова стала центром всеобщего внимания.

Тем временем экскурсовод наклонилась и что-то прошептала почти в самое ухо водителю. Тот озадаченно глянул и кивнул в ответ.

– А сейчас мы остановимся на прекрасной обзорной площадке. Предлагаю вам ещё несколько минут полюбоваться видом с этой стороны. Можно выйти и сфотографироваться на живописном фоне.

Призывно взмахнув рукой, экскурсовод обогнула автобус спереди, перебежала пустую дорогу и просеменила в чащу. Усатый водитель открутил с термоса крышку и, выпустив лёгкое облачко пара, стал отпивать из неё маленькими глотками, как из пиалы. Место, где они остановились, очень отдалённо напоминало обзорную площадку, так что вылезать здесь на фотосессию никто не торопился.

И тут случилось то, чего никто не предполагал в реальности. Нина заметила, как из-под кустов разом высыпали подвижные полосатые животные. Сначала три, потом четвёртый. Такие забавные, что Нина невольно заулыбалась:

– Смотри, кабанчики!

– Поросята, – поправил её Денис.

– Во дают! – удивлённо выдохнул кто-то. Один из неумолчных детей в восторге завизжал, а второй тут же захлопал по стеклу ладошками.

Но вслед за милыми поросятами с протяжным визгом выскочила их мать – здоровенная чёрная кабаниха. Свирепо дёрнув мордой, так что весь выводок мгновенно замер на месте, она прикрыла их от людей массивным телом. В салоне повисла тишина.

Через секунду кабаниха развернулась к открытой двери. Что-то привлекло её внимание видом или запахом и, слегка примерившись, она вдруг вскочила внутрь и остановилась в нескольких сантиметрах от Инессы Борисовны, едва не наступив копытом ей на туфлю. Надо было что-то сделать в таком узком пространстве, где манёвры почти невозможны. Она отдёрнулась с едва слышным хриплым возгласом, так непривычно понимая – ни одно из доступных ей средств сейчас не подействует. Глядя в эти маленькие голодные глаза, она вдруг ощутила, что свирепая лесная сила куда мощнее, чем она сама. Её не проймёт никакой взгляд и не испугает самый пронзительный вопль, эти челюсти всего несколькими движениями способны разгрызть любую кость, а копыта легко проломят всякую преграду. Она осталась одна с этим злосчастным бутербродом, который давно должен был выпасть из её руки, но пальцы оцепенели, и красноватый кусок рыбы на бледном хлебе будто приклеился к ним.

Кабаниха угрожающе засопела. Показались изогнутые жёлтые клыки. Кисточка хвоста завертелась. Каждый вжался в своё место. А побледневший Денис вдруг отпрянул и всем весом навалился на Нину, чтобы только выгадать ничтожное пространство. Казалось, если бы смог, он прикрылся бы ей как щитом от этой зверюги.

И тут мужичок невозмутимо встал с заднего сиденья и бесшумно двинулся по узкому проходу. Нина заметила его, когда он поравнялся с Денисом. В одной руке была кепка, а в другой – развёрнутая половина бутерброда. Он вскрикнул, привлекая внимание, и кинул эту самую половину вниз на траву. Но лакомый кусок моментально подобрал один из поросят. Глаза кабанихи наливались яростью, и сопела она всё громче. И тут мужчина выхватил из оцепеневшей Инессиной руки целый бутерброд, стремительным жестом фокусника провёл им возле самого кабаньего носа и, накрыв кепкой, отправил по дуге в сторону кустов.

– Апорт! – скомандовал он во весь голос. Кабаниха пронзительно взвизгнула и, стукнув копытами, выскочила из салона. Мужчина подал знак, дверь тут же захлопнулась. Через секунду водитель дал газу, притормозив метров через триста, у поворота. Инессе Борисовне наконец-то удалось опустить руку. А Нина внезапно услышала отовсюду звуки хлопков и поняла, что сама так же восторженно аплодирует их общему спасителю.

– Тебя как зовут-то? – повернулся к нему водитель.

– Макар Петрович.

– Ну, молодец, Макар Петрович! А как ты догадался с бутербродом?..

– Встречал таких. Ещё на Алтае, когда в егерях…

– А вообще, это был мой бутерброд! – вклинилась Инесса Борисовна. – Если бы я не купи…

Но в этот раз всеобщее внимание стало другим и, кажется, даже она сама вдруг поняла, что хватила лишнего. Молча надвинув шляпу, она уставилась в окно.

Экскурсовод бегом догнала их по обочине и сразу вскочила в кабину.

– Не приставали? – осведомился водитель.

– Не-е, они уже подальше отошли.

Она внутренне собралась и, повернувшись вполоборота, с улыбкой произнесла поставленным голосом:

– Как я уже говорила, здесь водятся самые разные животные…

Денис тоже через силу улыбнулся Нине. Соображая, как сейчас правильнее себя вести, он нащупал в кармане смартфон. Кажется, собирался кому-то позвонить, но передумал.

– Так странно всё получилось, да?.. Зато будет что вспомнить. Как ты?..

Нина пожала плечами.

– Давай улетим завтра пораньше?

– Лети. Я пока здесь останусь.

– Зачем это?

– Не хочу лететь с тобой.

Совсем чужой мужчина открыл и беззвучно закрыл рот, не зная, что ответить.

Елена ЛИТИНСКАЯ. Крутые повороты

Ирину Н. Бог поцеловал в темечко, наделив её внешне и внутренне чертами и качествами, о которых многие девочки могли только мечтать – высокий рост, густые, длинные, светлые от природы волосы, которые она заплетала в косу и по старинной моде закалывала вокруг головы «корзинкой», натуральный румянец во всю щеку. Никакой косметики: ни пудры, ни румян, разве что чуть подкрашенные длинные пушистые ресницы. Большие, выразительные, круглые глаза василькового цвета смотрели на мир как бы с постоянным удивлением. Может быть, это удивление было наигранным, чтобы ещё сильнее выделить глаза? А может, Ирина хотела создать некий образ… вечно удивлённой невинности? Не знаю. Не могу утверждать

Ира по всем предметам училась на пятёрки и четвёрки. Пятёрок было значительно больше. Как точные, так и гуманитарные науки давались ей легко, казалось, играючи. Впрочем, играючи или с помощью трудолюбия и усидчивости, одноклассники могли только догадываться. Истину знала сама Ира и её родители. Любимым предметом девочки была русская литература, а любимой учительницей – преподавательница русского языка и литературы. Учительница выделяла Иру среди других своих учеников, девочка была её любимицей. И это обычная история, хоть и считается, что иметь любимчика непедагогично. Почти у каждого учителя есть свой любимчик. Одни учителя это открыто не показывают, другие и хотели бы скрыть, но не могут. Не получается.

С самого детства Ира писала стихи: не гениальные, но на вполне хорошем поэтическом уровне: серьёзные и юмористические, грустные и весёлые. Её перу послушны были разные жанры. Она охотно участвовала в районных и городских литературных олимпиадах и капустниках и нередко занимала призовые места. Интересы девочки были разносторонними. Она с энтузиазмом посещала школьный театральный кружок, которым руководил известный московский актёр, и выступала на сцене в нашем актовом зале.

Иру любили как учителя, так и одноклассники. Разумеется, некоторые девочки завидовали её яркой внешности и популярности. Как же! Не без этого… Но открыто зависть не проявляли.

Ира была, что называется, девочкой из хорошей семьи. Её мама происходила из дворянского рода. Но в советское время об этом умалчивали, так… на всякий случай. Не опасна, но непопулярна была тогда эта тема. Не то, что после перестройки, когда всяк старался раскопать правдами и неправдами своё дворянское происхождение и с гордостью делился этой информацией с друзьями и публично.

Отец Иры был крупным советским ученым-химиком, доктором наук, поэтому они жили в отдельной двухкомнатной квартире, что по тем временам было для большинства москвичей, ютившихся в многонаселённых коммуналках, явлением редким. Новостройки хрущевской эпохи с отдельными, хоть и малогабаритными квартирами, только начинали появляться. Их двухкомнатная квартира в доме постройки 30-х годов была довольно просторной, когда ещё не объединили (по американскому образцу экономии пространства) ванную с уборной в общий санузел и «не приблизили пол к потолку». В одной из комнат стоял настоящий рояль. Не пианино! Я не помню, чтобы Ира рассказывала, что в детстве брала уроки игры на фортепьяно. Возможно, на рояле играла Ирина мама.

Мы с Ирой не были подругами, но часто пересекались и довольно тесно, дружелюбно общались, хотя характеры у нас различались кардинально. Насколько Ира была общительной, живой, любила подурачиться, настолько я была серьёзной, спокойной, эдакой «вещью в себе». Ира охотно вела общественную работу, я – нет. Не то, чтобы я была против общественных нагрузок, просто я хоть и носила в то время комсомольский значок, но делала это чисто символически, по обязанности и по привычке. Я вступила в ряды ВЛКСМ в седьмом классе и уже в восьмом охладела к этой организации. Но не будем отвлекаться и вернёмся к главной героине рассказа. Ведь сия история не обо мне.

На всю школу гремел Ирин роман с Геной X. из параллельного класса.

– Что ты в нём нашла? Ты – красавица, принцесса! А он, хоть говорят, и умный, аж заумный, но, сказать честно, отнюдь не принц: мягко выражаясь, не красавец, к тому же безнадёжно прыщав лицом. Как с таким целоваться, не представляю, – однажды брякнула я Ире и тут же прикусила язык, осознав абсолютную бестактность своего вопроса и негативной ремарки по поводу внешности Гены.

– В человеке, особенно в мужчине – главное ум и характер. А прыщи возрастные, они со временем пройдут, – ничуть не смутившись и не обидевшись, парировала Ира. – Геночка умный и даже талантливый. Он далеко пойдёт. Я уверена! Мы любим друг друга и, как только окончим школу, непременно поженимся. Вот увидишь!

– Может, ты и права. Жизнь покажет. Прости меня, пожалуйста! Я не имела никакого права критиковать внешность Гены. А твои родители в курсе ваших планов?

– Ну почему же? Ты имеешь право на своё мнение. А я имею право не принимать его во внимание. Что касается моих родителей, они пока не в курсе. Со временем я их поставлю перед фактом, – сказала Ира. В семнадцать лет она рассуждала, как взрослая женщина, и умела настоять на своём.

«Не знаю насчёт Гены, но ты, Ирочка, пойдёшь далеко. Уверена в себе, чтобы не сказать, самоуверенна. Знаешь себе цену! Но с таким самомнением как бы не наделать ошибок… », – подумала я и как в воду глядела.

– У нас сегодня в семь часов вечера в актовом зале – сцены из спектакля «Борис Годунов». Я играю Марину Мнишек. Ты придёшь?

– Постараюсь, если ничего не помешает.

* * * *

Ничто не помешало, и я пришла. Чуть опоздала и с трудом нашла в зале свободный стул. Зал был набит до отказа: ученики, учителя, родители учеников, участвовавших в спектакле. К выступлению школьный театральный кружок готовился целый год. И вот наступил апогей – премьера. Гришку Отрепьева играл парень из параллельного класса Игорь Ш. Роль свою он исполнял неплохо, но переигрывал, чтобы вызвать отрицательное отношение зрителей к персонажу. А «гордая полячка» Марина Мнишек в исполнении Иры Н. была просто великолепна, хотя внешность юной актрисы и Марины не совпадали. По преданию, Марина Мнишек была невысокого роста брюнеткой, а Ира, наперекор прототипу, отличалась ростом выше среднего и толстой косой цвета спелой пшеницы. Но гонор и дух женщины, будущей жены Лжедмитрия Первого и русской царицы на краткий срок, Ира сумела передать. После спектакля я поздравила Иру с успешным дебютом и спросила:

– Ну что? После окончания школы, наверное, пойдёшь поступать в ГИТИС или во ВГИК?

– Ничего подобного! Во-первых, таких, как я, претенденток на артистическую карьеру, слишком много, и сомневаюсь, что меня примут в эти престижные заведения. Во-вторых, у меня совсем другие, более практичные и реалистичные, планы на учёбу и, вообще, на жизнь, о которых пока распространяться не буду.

– Другие планы? После такого успеха на сцене? Странно… – удивилась я. Я была «вещью в себе». Ира, несмотря на свою, вроде бы, открытость, оказывается, тоже. За живостью, дружелюбием и игрой прекрасных глаз хранились тайны, в которые девочка мало кого (а может, и никого вовсе) не посвящала.

Ира и Гена часто ходили в походы с группой любителей этого вида отдыха или развлечения (не знаю, какое определение подходит больше). Походами руководила совсем молоденькая, лет двадцати пяти, преподавательница истории. Я в походы не ходила, но ведь слухами Земля полнится. Народ рассказывал, что обстановка в походах была свободная. Учительница вела себя более чем непринуждённо, совсем как девчонка: болтала, громко хохотала и даже позволяла мальчикам на руках переносить себя через ручей или мелководную речушку. (Пишу это не в упрёк молодой педагогине, а для более полного отражения её имиджа, который мне, как и многим ученикам, был симпатичен.)

Походам, само собой, сопутствовали песни под гитару. Ира на гитаре не играла, но Саша О. из выпускного одиннадцатого класса неплохо перебирал струны и исполнял популярные в те годы песни Визбора, Высоцкого и других бардов. Он также сочинил мелодию на несколько Ириных стихотворений. И получилось довольно удачно. Походникам нравилось, и они эти песни охотно исполняли, сидя вокруг костра. Ира, само собой, подпевала. Голос у неё был не особо сильный, но музыкальный слух хороший. Думаю, что Ира не только радовалась выбору Саши, но гордилась этим его выбором. И румянец на её щеках горел ярче прежнего. (Гена песни не пел, просто всегда сидел рядом с Ирой с каменным лицом истукана, как молчаливый, преданный то ли собственник, то ли телохранитель, тем самым демонстрируя свои права на девушку и готовность защитить её от возможных посягательств походников мужского пола.)

* * * *

После окончания школы девочки нашего класса разбежались кто куда, поступили в разные высшие учебные заведения: МГУ, Иняз, Пединститут и технические вузы. Ира поступила в МГУ на психологический факультет. Выбрала специальностью дошкольную психологию. Я тоже училась в МГУ, на филфаке. Здания филфака и психологического факультета (как-то не хочется называть его психфаком, тем не менее студенты филфака его так и называли) помещались рядом, но мы долгое время с Ирой как-то не пересекались. Разве что два раза на встречах в квартирах одноклассников.

Будучи на первом курсе, в девятнадцать лет, Ира вышла замуж за своего школьного друга Гену, который тоже поступил в МГУ, но на биофак. Молодожёны сняли квартиру недалеко от Ириных родителей, которые хоть и помогали оплачивать ренту, но были не очень-то довольны ни ранним браком дочери, ни самим женихом. Какая-то в нём (в его взгляде – то рассеянном, то тяжёлом) проглядывала червоточина, которую они не знали, как объяснить. Срабатывала родительская любовь и интуиция.

Вначале, вроде бы, всё было хорошо, но через год до меня дошли слухи, что молодожёны неожиданно быстро развелись и Ира вернулась под родительский кров. А между тем предыстория развода вызывала на размышления…А то, что произошло несколько лет спустя, походило на фильм ужасов…

Несмотря на любовь к жене, Гена почти сразу после свадьбы стал поздно приходить домой, иногда даже пропадал сутками. Где его носило, Ира не знала. Как потом она мне рассказала, муж являлся домой спустя несколько дней как ни в чём не бывало, целовал жене ручки и ножки, просил прощения, бил себя кулаками в грудь, клялся, что больше это не повторится, но не рассказывал ни о причине, ни о подробностях своего отсутствия, ни о временном местопребывании. Клятву свою он не выполнял. Его поздние приходы (иногда среди глубокой ночи) и многодневные исчезновения продолжались. Бывало явится в четыре утра, когда Ира ещё спала, подойдёт к кровати и смотрит на жену таким пристальным тяжёлым взглядом, от которого она просыпалась в холодном поту, как от кошмарного сна.

— Гена, ты что? Где тебя носило? Почему ты на меня так смотришь, аж мурашки по телу?

— Я? Я уже давно пришёл, просто на кухне сидел, не хотел тебя будить. Думал о том, как безумно я тебя люблю. Ты ведь мне никогда не изменишь?

— С чего ты взял, что я тебе собираюсь изменять? Пока что ты не известно где шляешься. Это называется безумной любовью? Ты бы лучше вовремя домой приходил. Я полночи ждала тебя и только недавно уснула. Уйди! Я спать хочу, мне в семь часов вставать, чтобы успеть к первой паре в университет.

Гена молча неслышно раздевался и притуливался к Ириной спине на краю кровати или ложился прямо в одежде, на ковре, как преданный пёс.

Всё это выглядело более чем странно: «Где он пропадает? Измена? Нет, на измену Генка со своей безумной любовью ко мне не способен, – думала Ира.– Тут что-то другое…».

Она сначала молча терпела, не возникала, ожидая, что же будет дальше, затем какое-то время злилась и ругала его. А потом её вдруг осенило (всё же она изучала психологию), что тут кроется какая-то патология и надо немедленно бежать и разводиться, пока не поздно… Что может произойти, она не знала, но предполагала нечто ужасное, из ряда вон. И ей стало страшно оставаться с Геной наедине в квартире. Она выбрала время, когда мужа не было дома, быстренько собрала кое-какие личные вещи, одежду, вернулась под родительский кров и сразу подала на развод. Родители были рады её возвращению. Облегчённо вздохнули.

Гена, как это ни странно, не сопротивлялся, видно, чего-то испугался. Он покорно подписал бумаги о разводе, и молодые супруги разошлись без проволочек.

После ухода жены и развода Гена не очень-то и тужил, а если и переживал, то виду не подавал. (Впрочем, в чужую голову и душу не заглянешь.) Он как-то слишком быстро нашёл Ире замену, символично женившись на девушке, которая тоже носила имя Ирина. Не знаю, было ли это случайным совпадением или результатом сознательного поиска новой жены с любимым именем. Через год у Гены и его второй жены родился ребёнок – девочка.

А Ирина Первая отдыхала от проблемного брака, приходила в себя. С новой силой и энтузиазмом взялась за учёбу. Она была способной, серьёзной, честолюбивой студенткой, и на третьем курсе у неё уже зрела тема дипломной работы по детской психологии.

Спустя два года после развода Ира начала встречаться с однокурсником Володей. Как-то раз они сидели на Ириной квартире и готовились к экзаменам. Стоял тёплый, безоблачный июньский вечер. Огромная яркая луна призывно заглядывала в окно, создавая романтический настрой. Они устали от занятий и решили сделать перерыв. Володя обнял Иру, поцеловал, она ему ответила, расстегнула пуговицы на блузке, готовая к более интимным ласкам… Неожиданно раздался телефонный звонок, нарушивший любовный порыв молодой парочки.

– Ну вот! Не снимай трубку, прошу тебя! Позвонят и перестанут, – решительно сказал Володя.

– Как это – позвонят и перестанут? Вдруг что-то важное? Нет, я так не могу! – Ира решительно высвободилась из Володиных объятий и сняла трубку.

Звонила Ирина подруга с биофака, где учился Гена. Она буквально рыдала в телефон:

– Ир, ты уже знаешь?

– Что я должна знать? Не понимаю. Почему ты плачешь?

– Почему я плачу? И ты ещё спрашиваешь? Значит, ты ничего не знаешь!?

– Да что такое стряслось? Не говори загадками!

– Случилось такое, такое! Волосы встают дыбом. Твой бывший, Генка… Не знаю, что на него нашло! Он свихнулся, в припадке ревности, абсолютно не обоснованной, убил свою жену, разрезал на куски, спрятал под диван и, говорят, показывал ребёнку изуродованный труп. (Хочу надеяться, что подробности насчёт ребёнка – это враньё, сплетни.) Потом, через несколько дней он, видимо, осознал, что совершил. Наступило некое просветление, прозрение. Гена открыл газ и покончил с собой. Соседи почувствовали запах газа, вызвали милицейский наряд и дворника. Те взломали дверь и нашли Генку мёртвым. Весь биофак бурлит, рыдает, не может успокоиться. Никто ничего не понимает. Гена был отличным студентом. Да, немного странным, нелюдимым… Но каким безумцем, каким нелюдем надо быть, чтобы совершить подобное зверство!?

– Что ты такое говоришь? Боже мой! Какой ужас! – у Иры задрожал голос и затряслись руки. В голове мелькнула страшная и в то же время спасительная мысль: «Если бы я не сбежала вовремя от Гены, то, возможно, меня бы ждала судьба этой несчастной женщины, Иры Второй. Просто Бог меня миловал. Выходит, я родилась под счастливой звездой». – А что с ребёнком? Что с девочкой?

— Девочку забрали дедушка и бабушка – родители жены. Ты, когда жила с Генкой, могла о таком подумать, такое предугадать, предвидеть?

— Что-то предчувствовала, недаром ведь развелась с ним. Но такое, такое… предугадать не могла. Только сейчас осознала, что жертвой могла быть я. Я понимала, что Гена серьёзно болен. Поэтому и бросила его. Эти его вечные отлучки, возвращения домой через несколько дней... Тяжёлый, пристальный взгляд! Подозрительность, паранойя. Думаю, что когда на него накатывало нечто безумное, не укладывающееся в рамки нормального поведения, мышления … он где-то прятался, возможно, в доме родителей. Но они мне ничего не говорили, покрывали своего сына. Гена возвращался ко мне, когда приступ проходил. Его нужно было лечить, но я была слишком молода, чтобы это понять. Кроме того, мне просто было страшно продолжать с ним жить. Да и не знаю, согласился бы он лечиться. Не насильно же мне было уложить его в психушку!

— Не знаю, не знаю… Может, и насильно! Повезло тебе, Ирка! Везучая ты и умная. Предусмотрела печальную развязку и вовремя смылась.

— Не знаю, везучая я или нет. Думаю, тут сыграла роль интуиция. Ну и, конечно, у каждого своя судьба.

Когда мне рассказали об этой трагедии, я снова подумала, что Иру Господь поцеловал в темечко. Ведь, живя с Генкой, она ходила по острию ножа.

* * * *

Постепенно трагедия с Геной не то что бы забывалась, но не так часто вспоминалась. Ире и хотелось бы её забыть, но такое забыть невозможно! Печаль из прошлого тревожила память и порой заявляла о себе в кошмарных снах. Ира видела себя на месте убитой женщины: будто на неё, Иру Первую, некто безумный с размытым лицом, на котором был виден лишь искривленный рот, кидался с топором. И она тут же просыпалась в холодном поту, с облегчением осознав, что это всего лишь ночной кошмар.

Прошло два года. После окончания университета в Ириной жизни произошли два важных события: она вышла замуж за однокурсника Володю и поступила в аспирантуру. Володя был симпатичным парнем «ближне-восточного типа». Они с Ирой представляли красивую пару: брюнет с тёмно-карими глазами и, по контрасту, – блондинка – с васильковыми. Хоть помещай фотографию на обложку заграничного глянцевого журнала. Одно слово – «Голливуд»! Глядя на них, друзья и знакомые ахали и восхищались. Ирины родители купили молодожёнам двухкомнатную кооперативную квартиру, правда, далеко от центра, но зато в прекрасном, зелёном районе.

Володя был отличным студентом, но в аспирантуру не попал. Официальная версия: не прошёл по конкурсу. Но, видимо, помешал «пятый пункт». Такие были времена. Он работал внештатно при московском Институте педагогики и психологии, а также писал научно-популярные статьи для журналов и даже выступал на всесоюзных конференциях и симпозиумах. Володя был плодовит и творил в ногу с наукой и временем. Его охотно печатали. Жили молодые супруги хорошо, не ссорились. По выходным в их квартире часто собиралась молодёжь, выпускники психологического факультета. Приносили продукты в складчину, ели, выпивали, за «трапезой» вели жаркие споры, дискуссии на злободневные научные темы. Под конец дискуссий наступал чёрёд всеми любимой гитары. Гости и хозяева пели популярные бардовские песни. Иногда, под настроение, Ира читала свои стихи. Кое-что ей удалось опубликовать в одном московском литературном журнале.

В двадцать пять лет Ира родила мальчика. Сынок получился темноглазым и темноволосым, весь в отца. Назвали ребёнка Александром, Сашенькой. Молодая мама обладала крепким здоровьем и быстро оправилась от родов. Она как-то удивительно всё успевала: учиться в аспирантуре, писать статьи, растить малыша и вести домашнее, пусть и нехитрое, хозяйство. (Правда, всё же пришлось на пару часов в день нанять няню.)

Ира успешно и лихо жонглировала своими делами и обязанностями, но, к сожалению, не уделяла должного внимания своей внешности. Она была молода и хороша собой, однако усталость всё же сказывалась. Стандартная короткая стрижка «под горшок» сменила золотую косу вокруг головы (так было легче ухаживать за волосами), под глазами появились тёмные круги – следы недосыпа. Ирин гардероб устаревал, ветшал, не пополняясь новыми нарядами – некогда было бегать по магазинам и портнихам. Она закончила аспирантуру и писала кандидатскую диссертацию. Диссертация – дело серьёзное, требующее многих знаний, времени и сил. Чтобы впихнуть диссертацию в Ирино плотное расписание, нужно было чем-то пожертвовать. Ира жертвовала сном и внешним видом. За что и поплатилась.

Володя всё меньше времени проводил дома. Иногда возвращался поздно вечером, ближе к ночи. Что-то перехватит поесть и бухается в кровать. Однажды, после очередного позднего прихода мужа, Ириному терпению пришёл конец, хотя внешне она оставалась спокойной.

– Где ты был? – спросила Ира.

– Где я был, где я был… в библиотеке, писал статью для очередного номера журнала. Я, видишь ли, так деньги зарабатываю, пером. В аспирантуру меня не взяли, как некоторых…

Ира намеренно пропустила намёк мужа на его «пятый пункт» мимо ушей.

– Сейчас полночь. Все библиотеки, даже Ленинка, давно закрыты. И от тебя разит дешёвыми, приторными советскими духами «Ландыш серебристый». Я такими не душусь.

– Послушай, дорогая моя жёнушка! Я устал, как собака. Давай отложим расследование на завтра. Всё! Я иду спать.

– Ладно! Иди спать. Но у меня на эти духи аллергия. Так что тебе придётся лечь спать в гостиной на диване, – решительно сказала Ира и закрыла дверь спальни перед носом мужа.

Этой ночью ей не спалось. Не надо было особо напрягать ум – и так всё было ясно: «Шерше ля фам. Боже, как мне не везёт с мужьями! Один – сумасшедший. Другой – бабник! Тут явно замешана женщина. Мой дорогой и любимый супруг встречается или уже спит с некой девицей, дамой. И это отнюдь не впервые. Сколько раз он приходил поздно домой, «благоухающий» не мужским одеколоном, а женскими духами или алкоголем! У меня просто не было ни времени, ни сил обратить на всё это внимание и отреагировать. И на себя обратить внимание заодно… Вот и пришла расплата».

Ира внимательно осмотрела себя в трюмо: «Поблёкла, постарела, отцветаю? Вовсе нет! Я ещё хороша собой. И мне ведь только двадцать семь лет! Ни морщинок, ни складок. Просто надо немного заняться своей внешностью, привести себя, так сказать, в божеский вид. Срочно! Пора к косметологу, парикмахеру, портнихе, визажисту… А Володька пусть катится к чёрту на кулички. Отпущу на все четыре стороны. Если мужик втюрился в другую, его не удержишь. Всё! Развод и девичья фамилия, которую я так, слава богу, и не сменила ни с первым мужем, ни со вторым. С документами будет меньше волокиты».

На утро состоялся серьёзный разговор с мужем. Ира спокойно, без надрыва и слёз обвинила Володю в измене и сказала, что измены не простит и удерживать его не станет.

– Разведёмся без проблем. Квартира и ребёнок, разумеется, останутся со мной, ведь квартира куплена на деньги моих родителей, а ты поедешь жить к своей любовнице. И я даже не желаю знать, кто сия дама твоего сердца, на кого ты меня променял. Если захочешь видеть ребёнка, пожалуйста. Оговорим все условия через моего адвоката. Пока я в аспирантуре, тебе придётся платить алименты. А там посмотрим.

Володя не отрицал своего греха, с молчаливым достоинством принял удар, согласился на развод и Ирины условия. Они развелись спокойно, без проволочек и, благодаря Ириному терпению, уму и дальновидности, даже поддерживали невраждебные отношения. Всё же Володя был отцом её ребёнка!

* * * *

Стойкости, мужеству и умению выживать и идти вперёд, не посыпая голову пеплом и не оглядываясь назад в любых драматических ситуациях, у Иры можно было поучиться. Она не долго печалилась. Закончила аспирантуру, успешно защитила кандидатскую диссертацию и устроилась работать младшим научным сотрудником в Институте педагогики и психологии.

С карьерой всё складывалось отлично, как по заказу. Ира перевела дух и занялась устройством личной жизни. Очень скоро поиски сердечного друга привели её к желанной цели. Она довольно быстро нашла замену Володе. Далеко ходить не надо было. Стоило только оглядеться по сторонам…

У бывшего Ириного мужа был приятель Виктор, тоже психолог, свободный, симпатичный, неокольцованный. Ирин выбор пал на него. Виктор был очарован ею. Красивая, умная, из хорошей семьи, с перспективой карьерного роста в научном мире психологии, с московской пропиской и квартирой. (А он был приезжий со временной пропиской и снимал в Москве комнату.) Да, с ребёнком! Но если у женщины к тридцати годам нет детей, значит, была или есть какая-то серьёзная проблема… А если есть один ребёнок, можно и второго завести. В общем, Виктор влюбился по полной программе: и сердцем, и умом, и сделал Ире предложение, которое она ожидала и сразу приняла.

Конечно, можно было потянуть с ответом и какое-то время пребывать в стадии друзей-любовников, чтобы проверить чувства на прочность. Ведь она уже два раза обожглась. Но Ира была трудоголиком, занятым по горло научной работой и домом, и у неё просто не хватало времени на свидания и прочую «предсвадебную мерехлюндию». Впрочем, свадьбы как таковой на сей раз она даже не захотела. «Хорошенького понемножку!» «Молодые», которые были уже отнюдь не юными влюбленными, просто пошли в ЗАГС и расписались. Ира достала из шкатулки старое обручальное кольцо и без сожаления и сомнения решительно и символично выбросила его в мусор (а могла бы отнести в скупку ювелирных изделий), заменив новым, не запятнанным следами разводов. Хотела начать жизнь с чистого листа. Виктор тоже купил себе обручальное кольцо, переехал к жене, и третья серия фильма «Ирино семейное счастье» началась.

На сей раз это счастье обещало быть вроде спокойным, ровным, как асфальтированная, накатанная дорога, без ухабов, рытвин, крутых поворотов и прочих страстей. Езжай себе – не хочу. Ира успешно защитила докторскую диссертацию, получила звание старшего научного сотрудника и между делом родила второго ребёнка – девочку, которую назвали Анной.

* * * *

Прошло двадцать лет. Ирина и Виктор отлично ладили между собой, никогда не ссорились, все спорные вопросы решали, не повышая голоса. В их доме не кипели страсти: ни в постели, ни вне её. Ирина была сыта по горло бурями двух предыдущих браков и сумела построить брак с Виктором на основе спокойной дружбы-любви.

Супруги вели научную работу в области психологии, публиковали научные труды, сделали себе имя, зарабатывали приличные деньги, разъезжали по заграницам, курортам, купили трёхкомнатную кооперативную квартиру, построили дачу под Москвой и даже развели яблоневый сад.

Ирине исполнилось пятьдесят лет. Возраст и напряжённая жизнь отразились на её здоровье и внешности. Она была по-прежнему хороша, но яркий румянец исчез, его заменили румяна, в уголках глаз появились морщинки, от крыльев носа ко рту пролегли, пока не глубокие, складки. Ирина заметно прибавила в весе и вся как-то отяжелела. Пошаливало сердце.

Дети выросли, но всё ещё жили с родителями. Саше исполнилось двадцать пять, Анечке – двадцать. Единоутробные брат и сестра любили друг друга, как родные. Биологический отец Саши Владимир давно завёл новую семью и редко появлялся на горизонте. Можно сказать, что Виктор заменил мальчику отца. Саша окончил МАРХИ – московский архитектурный институт. Анечка училась в МГУ на истфаке.

Саша любил женский пол и не единожды менял подружек, никак не решаясь сделать окончательный выбор, чтобы остепениться. «А пора бы!» – вздыхали родители. Так продолжалось до тех пор, пока однажды Анечка не привела в дом молодую женщину по имени Лиза, аспирантку с истфака, которая курировала её курсовую работу. Женщина была привлекательной внешности, неопределённо молодого возраста, когда на вид можно дать и двадцать пять и все тридцать. Её голубые глаза отражали ум и высокий интеллект. Лишь иногда во взгляде Лизы проскальзывала нервозность. «Кого-то она мне напоминает этим своим беспокойным взглядом, не могу понять…», – подумала Ирина и, так и не найдя ответа на мучивший её вопрос, в конце концов отмела его. Не хотелось ей копаться в памяти и нарушать навязчивой мыслью радостную обстановку дня рождения дочери.

Дело было на даче. Стоял приятно тёплый майский день, на перепутье весны и лета. Белыми всполохами горел яблоневый сад. Вся семья была в сборе. Сидели на застеклённой веранде за накрытым столом, отмечали день рождения Анечки – двадцать один год всё же. Стол отнюдь не ломился от яств: в то время в стране были трудности с продовольствием. Однако традиционный салат оливье и селёдку под шубой хозяева приготовили. К чаю подали пирог, начинённый повидлом, сваренным из прошлогоднего урожая яблоневого сада. Достали из погреба несколько бутылок грузинского вина – из старых запасов. Пили за здоровье Анечки, за её успехи в учёбе и, как традиционно говорят в таких случаях, счастье в личной жизни, которого пока не предвиделось. Слишком много времени девушка уделяла занятиям в университете.

Среди гостей были родственники Ирины и однокурсники Анны. Приглашена была также и Лиза. Саша сидел напротив молодой женщины и откровенно любовался ею, буквально не сводил с неё глаз. Лиза чувствовала на себе его взгляд и несколько раз одаривала молодого человека благосклонной улыбкой, которая означала: «Мне приятно, что я тебе нравлюсь. Ты мне тоже симпатичен».

Ира заметила внимание сына к привлекательной Анечкиной кураторше и не знала, как реагировать на сложившуюся ситуацию. С одной стороны, мысль о том, что сын, может быть, отбросит свои краткие романчики и любовные интрижки с девицами, не достойными его ума, интеллекта и положения в социуме, и наконец-то увлечётся серьёзной женщиной, успешной аспиранткой МГУ, радовала Ирину. «С другой стороны, ведь мы же о ней ничего не знаем, – думала Ира, – кто она, из какой семьи, сколько ей лет … А это важно. Впрочем, не знаем – так узнаем. Пока что нет причин для беспокойства. Даже если Лиза на пару лет старше Саши, особой проблемы я в этом пока не вижу. Даже наоборот. Чем женщина старше, тем у неё больше жизненного опыта и, соответственно, разумных поступков», – успокаивала себя Ирина.

День рождения затянулся до позднего вечера. В итоге, Саша предложил проводить Лизу на электричку, так как не мог отпустить женщину одну в такой поздний час. Потом он сказал родителям, что довезёт Лизу до дому, а сам заночует в их московской квартире. Виктор любезно предложил Лизе остаться на ночь у них на даче. Лиза поблагодарила, но отказалась, мотивируя тем, что ей завтра надо быть в 9 утра в университете, и, если она останется на даче, придётся вставать ни свет ни заря. Ирина не хотела отпускать Сашу в ночь, но боялась возражать сыну, тем самым унизив его перед Лизой, и скрепя сердце согласилась.

Где-то в 12 ночи Саша позвонил родителям:

– Всё в порядке, не волнуйтесь. Я проводил Лизу, взял такси и еду домой в нашу московскую квартиру.

– Спасибо, что позвонил. Ты теперь приедешь на дачу только в пятницу вечером? – спросила Ирина.

– Да, конечно! Раньше не смогу. Ты же знаешь: у меня работа.

– Понимаю, Сашенька! Спокойной ночи!

*＊＊＊

Саша не приехал на дачу ни в пятницу вечером, ни в субботу, ни в воскресенье, но всё же позвонил, объяснив, что пришлось дополнительно работать над новым проектом, сроки сдачи которого поджимали. Не приехал он и на следующие выходные… Уже безо всяких объяснений и звонков. Просто не приехал, оставив родителей в недоумении. Он прежде никогда так не поступал.

Ирина нервничала, ходила из угла в угол, не находила себе места, несколько раз звонила в Москву, но Саша не отвечал. Виктор успокаивал жену, как мог.

– Ирочка, тебе не стоит переживать! Саша уже взрослый мальчик, мужчина, наконец, и он знает, что делает. Ты чересчур властно его опекаешь. Разожми тесные материнские объятия. Сашка задыхается от твоей чрезмерной опеки. Дай наконец парню свободу действий.

– Конечно, он взрослый. Я понимаю, но всё же можно было найти время приехать на дачу или хотя бы объяснить по телефону, что происходит. Я интуитивно чувствую, что тут замешана женщина. И эта женщина – Лиза. Я уверена! Я видела, с каким восхищением он на неё смотрел тогда, на Анечкином дне рождения.

– Допустим, ты права. Наш сын проводит время с Лизой. Но она же серьёзная, умная и весьма привлекательная женщина. И тебе она, вроде бы, понравилась. Не вижу ничего предосудительного. Пока не вижу…

– У тебя шоры на глазах, мой дорогой и любимый муж! Ты безнадёжный оптимист! Кабы всё было гладко, Саша бы позвонил или приехал, как обещал. Если Сашка не приедет в эти выходные и не объяснит толком, что происходит, я сама поеду в Москву и выясню, в чём дело. Увижу своими глазами, – решительно заявила Ирина.

Саша так и не приехал, и Ирина, поддавшись порыву беспокойства, рванула в Москву вечерней электричкой. Не смогла дождаться утра.

Приехала к себе на квартиру в восемь вечера, не позвонила в дверь, открыла своим ключом. Тихонько сняла обувь, зажгла в коридоре бра. Из комнаты сына раздавались приглушённые голоса Саши и некой женщины. Ирина сразу узнала голос Лизы, села в прихожей на пуфик, притаилась, замерла… А сердце замереть не давало, так и бухало в груди.

– Лиза, я люблю тебя! Я очень тебя люблю! Но так дальше не может продолжаться. Мы должны рассказать моим родителям, моей маме всю правду, какой бы страшной она ни была. У мамы была нелёгкая жизнь. У неё проблемы с сердцем. Она не заслужила ни моего молчания, ни вранья!

– Что мы должны ей рассказать, Саша? Что мой отец был её первым мужем Геннадием, что он убил мою мать и покончил с собой, когда мне был годик? Что меня вырастили дед с бабушкой? Что я на пять лет старше тебя, что дед с бабушкой меня обманывали легендой, будто мои родители погибли в автомобильной катастрофе? Что в шестнадцать лет, когда я от чужих людей узнала об этом кошмаре, у меня был нервный срыв? Что я попала в психиатрическую больницу с депрессией и до сих пор принимаю антидепрессант? Это всё я должна рассказать твоей матери? Ты бредишь, Саша! Я уверена, что твоя мама будет в шоке и отнюдь не обрадуется перспективе такого родства. Я твою маму пойму и буду не в праве её за это осуждать.

— Да, она будет переживать, но в конце концов ей придётся согласиться с моим выбором! Мама меня очень любит и хочет, чтобы я был счастлив.

— Саша! Ты – безнадёжный идеалист и романтик. А я…я уверена: на мне лежит родовое проклятие. И к гадалкам ходить не надо. Вряд ли ты будешь со мной счастлив. Ты, конечно, захочешь иметь детей. А я решила их не заводить. Слишком большой риск! Шизофрения иногда дремлет, а потом вдруг проявляется через поколение. И вообще! Кто знает, что меня ждёт… Я проклята, проклята! Я погибну и потяну тебя за собой.

— Так… давай не будем говорить о детях. Это преждевременно. Что касается твоей гибели, то мы все когда-нибудь да умрём. А пока мы молоды, и сейчас речь идёт о нашей с тобой любви и женитьбе, о совместной жизни. Сколько можно молчать и прятаться на московской квартире! Я завтра же поеду на дачу. Давай поедем вместе и поговорим с моими с родителями. Уверен, они всё поймут правильно.

— Сомневаюсь… Езжай один. Я не готова к этому разговору и ничего хорошего от него не жду. Я не поеду! Позвони мне потом. Хорошо?

— Как скажешь.

«Вот оно! Я заметила, что Лизины черты мне кого-то напоминают. Конечно, она похожа на своего отца. (Правда, улучшенный вариант.) Хорошо бы, только внешне… Наверное, что-то унаследовала и от матери. Говорят, Ирина Вторая была красива. Проклятый Генка! Он и с того света не оставляет меня в покое. Прямо рок какой-то. Что делать? Что же мне делать? Дети не должны встречаться. Эта любовь может обернуться трагедией. Лиза всё понимает, а Саша нет. Как мне это объяснить Сашеньке? Как предупредить ещё одну возможную трагедию?» – мучительно думала Ирина и не находила ответа.

Она больше не могла подслушивать разговор сына с Лизой. Хотела незаметно уйти, ретироваться, но неожиданно почувствовала головокружение, слабость и боль за грудиной и под левой лопаткой. Сознание окутывала пелена. Ирина медленно встала с пуфика, чтобы пройти в кухню за лекарством, но у неё подкосились ноги, и она рухнула на пол всей массой своего крупного тела. На шум прибежали из спальни Саша и Лиза, увидели Ирину на полу, в полуобморочном состоянии. Она держалась за сердце и ловила ртом воздух.

— Мама, мамочка! Как ты здесь оказалась? Что с тобой? Тебе плохо? Лиза, быстро беги на кухню и принеси валидол из аптечки. И валокордин. Я вызываю «скорую».

— Не надо «скорую»! — Валидол поможет. У меня такое уже бывало, ты же знаешь. Сейчас всё пройдёт, — пробормотала Ирина.

Лиза принесла лекарство. Они вместе с Сашей подняли мать на руки, перенесли на диван в гостиную.

Через какое-то время Ирине полегчало. Она задышала ровно.

— Мама, ты всё слышала? Ведь так? — повторял Саша, держа мать за руку.

— Да! — ответила Ирина. — Ты не приехал на дачу и даже не позвонил. Я нервничала и приехала, чтобы с тобой поговорить, выяснить, что происходит. Ты раньше никогда так не поступал, жалел нас с отцом, был внимательным, заботливым... И вот я случайно услышала ваш разговор с Лизой. Прости! Я не хотела подслушивать. Так получилось.

— И что? Что ты обо всём этом думаешь? Знай, я люблю Лизу, но... я только сейчас понял, как боюсь тебя потерять.

— Что я могу сказать? Конечно, мне бы хотелось иметь невестку без такого кошмарного прошлого... Пусть Лиза на меня не обижается за эти слова. Я понимаю, что она ни в чём не виновата. Она — жертва обстоятельств, сирота, страдалица. Её можно пожалеть. Родиться с таким генетическим грузом и не сломаться, не озлобиться на жизнь и окружающих. Какая сила воли! — говорила Ирина.

— Спасибо, — прошептала Лиза.

— Нет! Не надо меня благодарить! Лиза, я не хотела иметь тебя в невестках. Но я... нездорова и, всё может случиться. Не хочу, чтобы вы меня поминали недобрым словом. И решаю... ничего за вас не решать. Я — всего лишь мать, а не Господь Бог. Видно, это судьба, а против судьбы не попрёшь. В общем, желаете пожениться – женитесь. Делайте, что хотите. Мешать не буду, но вы же понимаете, какие чувства я испытываю. Надеюсь, что прошлое останется в прошлом. А теперь идите, оставьте меня одну. Приступ прошёл. Я приму снотворное и переночую здесь на диване. — Ирина устало прикрыла глаза. Длинная речь утомила её.

— Спасибо, мама! Ты у меня замечательная. У нас с Лизой всё будет хорошо. Прошлое уже осталось в прошлом, — сказал Саша. — Давай мы поможем тебе перейти в спальню. Там и отдохнёшь. Лиза, помоги мне, пожалуйста!

Лиза ничего не ответила. Она сидела рядом и беззвучно плакала.

— Не плачь, девочка! Повторяю, ты ни в чём не виновата, ты

жертва. Кто знает! Может, вы с Сашей и будете счастливы, – сказала Ирина, увидев Лизины слёзы.

– Да, да! – только и смогла пробормотать Лиза. Она плакала от облегчения, почувствовав, будто чья-то невидимая рука снимает с неё родовое проклятие. Начиналась новая жизнь без груза прошлого, который утонул в реке воспоминаний…

– Саша, позвони отцу и передай ему, что я остаюсь на ночь в Москве. Ничего не говори о том, что я приболела и, вообще, про наш разговор. Я приеду на дачу и сама ему всё расскажу. И, конечно, ты прав – в спальне мне будет удобнее, – сказала Ирина и приподнялась с дивана.

В эту ночь ей снова приснился Генка, не больной, с ясным взглядом и чистой кожей лица. «Спасибо, Ирочка!» – сказал он и улетел обратно в мир теней.

Татьяна ОКОМЕНЮК. Ангел мести

Светлана мужа не любила, хоть и жила вместе с ним уже тринадцать лет. Разводиться она не собиралась. «Какой в этом смысл, если менять его все равно не на кого? – рассуждала практичная тридцатишестилетняя женщина. – Быть одинокой в моем возрасте просто неприлично. Опять же, дочка к Егорычу привязана. Если что, начнет чудить не по-детски».

Виктор Егорович Комаровский был на пятнадцать лет старше супруги. Мысленно она называла его старпером, вслух – Егорычем. Он не обижался. А чего обижаться, если отчество еще в юности стало прозвищем и прилипло к нему насмерть?

Звезд с неба мужчина не хватал, но и без денег никогда не сидел. Работа закройщика в ателье по пошиву верхней одежды, позволяла Егорычу и самому прилично одеваться, и девчонок своих наряжать, как кукол. Даже из обрезков он умудрялся такие курточки, береты и рюкзаки сооружать, что городские модницы от зависти лишь зубами щелкали.

На жене и дочке Комаровский был просто помешан. Они были смыслом его жизни. Он очень гордился обеими и, крутился вокруг них, как искусственный спутник.

Познакомился Егорыч со Светланой на работе – она была его клиенткой. Все мозги ему вычерпала чайной ложечкой, заставляя воплотить в жизнь безумный замысел – пальто до пола со встречными складками на боках и спине, которые при ходьбе должны были распахиваться, демонстрируя вставки из контрастной ткани. «Во-первых, подобный фасон сильно стройнит, а, во-вторых, такое же пальто было у Анджелины Джоли», – сообщила девушка мастеру, тыча длинным наманикюренным ноготком в вырезку из зарубежного журнала.

И что интересно, Комаровскому удалось скопировать шедевр заморских модельеров. Правда, для этого заказчице пришлось на примерки походить чаще обычного, но результат превзошел все ее ожидания. Как ни тянул Егорыч время, а прощаться с клиенткой таки пришлось. К этому моменту он понял, что влюбился, и готов идти за Светланой, как пошли крысы за дудочкой гамельнского Крысолова.

– А выходите за меня замуж! – сказал он девушке на прощание. – Клянусь, не пожалеете!

– Я подумаю, – ответила та, отсмеявшись.

Думала она долго, больше года, но никто моложе и богаче Егорыча под руку так и не подвернулся. Желающих переспать с сексапильной барышней было выше крыши, а готовых дать ей свою фамилию, не нашлось. «Толстосумам нужны селедки 50-килограммовые с торчащими из-под кожи мослами, – сетовала на судьбу Светлана, выпив с подружками бутылку-другую «Каберне Совиньон». – Извращенцы чертовы. Нет бы, обратить внимание на девушек реальных габаритов».

Ее призыв небесами услышан не был. Вернее сказать, был услышан наполовину. На женщину обратил внимание небедный командировочный из столицы, отдыхавший после работы в местном ночном клубе. Не просто обратил, пошел провожать Светлану домой и остался у нее на ночь. Утром, как ни в чем не бывало, проглотил предложенный ему завтрак, поблагодарил «за приятно проведенное время» и, вызвав такси, «ушел в туман». А спустя месяц девушка узнала о своей беременности. Нужно было принимать решение. Подруги в один голос советовали сделать аборт. «Кому нынче нужна разведенка с прицепом? – кудахтали они. – А ты ведь даже не разведенка. Для социума ты – «девица низких моральных качеств с нагулянным дитем». Так и будешь байстрючонка всю жизнь сама тянуть на трехкопеечную зарплату. Он тебе за это спасибо не скажет».

«Девки, конечно, правы, но, с другой стороны, с дитем – хоть какая-то семья, – рассуждала Светлана. – Где гарантия, что, избавившись от беременности, я выйду удачно замуж? До сих пор ведь очередь из женихов ко мне не стояла. Вот и получится, что ни мужа не будет, ни ребенка. Надо придумать что-то другое». И придумала.

Девушка отправилась в ателье «шить удлиненный плащ с разрезами на рукавах». Надо ли говорить, что Егорыч несказанно обрадовался новой встрече. У него были и адрес, и номер телефона понравившейся клиентки, но он так и не решился ни на звонок, ни на визит к ней. Светлана казалась мужчине недосягаемой целью – красотка, модница, умница и с такой фигурой, как он любит: «возьмешь в руки – имеешь вещь». Опять же, очень молодая – не по Сеньке шапка.

Тем не менее, Комаровский напомнил девушке о своем предложении.

– Нууу… давайте попробуем, – «дала себя уговорить» Светлана. – Может, из этой затеи что-нибудь и получится. А про себя подумала: «Любовь приходит и уходит, а кушать хочется всегда. Егорыч не даст помереть с голоду ни мне, ни моему ребенку, а там будет видно. Если случится альтернативный вариант, произведу рокировку».

В этот же вечер Светлана переспала с Комаровским – играть с ним в игру «я не такая – я жду трамвая» времени не было. Секс с ним оставил желать лучшего, но на другое она и не рассчитывала. Сымитировав оргазм, девушка всем телом прижалась к мужчине и с чувством выполненного долга уснула. Утром они отнесли заявление в ЗАГС, а вечером Светлана перебралась из своей съемной однушки в трехкомнатную квартиру жениха.

С рождением дочери Комаровский без остатка растворился в своих девчонках. Мужчина не ходил, а парил над землей, засыпая их цветами, витаминами, игрушками, оригинальными одежками. Сразу же после работы он мчался домой, чтобы не пропустить вечернюю прогулку, купание и укладывание малышки спать. А по ночам работал над индивидуальными заказами личных клиентов.

В первые несколько лет брака финансовых проблем в семье не было, но мало-помалу народ перестал пользоваться услугами ателье. Те, кто богаче, стали ездить на шопинг за границу. Пытаясь дотянуться до их уровня, средний класс довольствовался подделками известных брендов. Тех, кто был победнее, обслуживали расплодившиеся, как пенициллиновые грибы, интернет-магазины. Тех же, у кого дела были совсем плохи, выручали вещевой рынок и AliExpress. В ателье обращались лишь граждане с совсем уж нестандартными фигурами и те, кому нужно было что-то укоротить, расшить или перелицевать. Ясно, что прилично заработать на таких клиентах было невозможно, и ателье перепрофилировалось с пошива одежды на пошив автомобильных чехлов, постельного белья и прочей технической ерунды.

Вот тут-то Светлана и поняла, что продешевила. Хранить верность немолодому, неказистому, мягкотелому супругу-неудачнику она не собиралась. Мало того, что у нее не было толкового секса, яркой, насыщенной событиями жизни, так теперь еще и копейки приходится считать. Не для того она за Егорыча замуж выходила, совсем не для того.

Нет, Комаровский не лежал на печи. Свою зарплату он получал исправно. Пусть не такую, как раньше, но все же. И частные заказы, по-прежнему, брал на дом. Но его заработка хватало лишь на самое необходимое: питание, оплату коммуналки, музыкальную школу и секцию плавания для Ирки, фитнес-студию для Светланы. На айфоны последней модели, салоны красоты, отпуска на Мальдивах и помощницу по хозяйству денег у него не было.

После нескольких истерик жены и дочки Егорычу пришлось устроиться ночным сторожем на платную автостоянку. Туда, в рабочую будку, он перетащил швейную машинку с электрическим приводом и строчил там свою халтурку. А что? Капает третья зарплата, и семье не мешает спать по ночам «своим противным стуком». Не Свете же работу искать? У нее – Ирка и постоянные мигрени.

После ночной смены, на которой Егорычу удавалось иногда поспать часа три-четыре, он отправлялся на дневную. Дома практически не бывал, и Светлана занялась активным поиском любовника – лучшие годы-то уходят, а физиологическую потребность в выбросе энергии никто не отменял.

К этому времени они с Егорычем давно спали в разных комнатах.

К чему мучиться в одной постели, если один другому в ухо храпит, стаскивает на себя одеяло, забрасывает на партнера ногу? Тем более что секс был нужен Комаровскому не чаще, чем раз в два-три месяца. Потребности же Светланы были куда более высокими, но только не с Егорычем, вид и голос которого приводили ее в уныние. Она по-прежнему ждала своего принца, который где-то начесывал гриву своего белого коня и к ней почему-то не торопился.

Начитавшись на женских форумах советов не ждать у моря погоды, а регистрироваться на сайтах знакомств и самой инициировать встречи с сексуально озабоченными мужичками, Комаровская приступила к операции под кодовым названием «Охота на самца». Свои фото и настоящее имя она, конечно, светить не стала. Как и подавляющее большинство жаждущих приключений семейных дам, Светлана прикрылась ником и портретом сказочного персонажа. Последнее не помешало ее популярности у сильного пола. Женщину буквально рвали на части такие же, как и она, любители «анонимных встреч для поддержания сексуального здоровья».

На самом деле, ей хотелось не просто секса. Ей нужен был молодой симпатичный мужчина с высокими доходами, которого бы не смутило наличие у нее ребенка, и который взял бы их с Иркой под свое крыло. Но многочисленные гуру с ютубовских видеокурсов «Как соблазнить и женить на себе ресурсного мужчину» в один голос предостерегали: «Ни в коем случае не демонстрируйте своего стремления к семейной жизни. Альфа-самцов это отпугивает. Декларируйте желание жаркого секса без обязательств. Намекните или скажите прямо, что вакансия супруга уже занята, что вы не приемлете ни собственничества, ни ревности и ничего, кроме телесных утех, от нового партнера не ждете. Как только кандидат в мужья подсядет на иглу секса, можете плавно переходить к следующему этапу».

Светлана последовала советам бывалых, но в анкете четко обозначила, что с нищебродами хороводиться не станет, что ее магнитное поле реагирует только на обеспеченных и щедрых мужчин, для которых хороший отель, приличный ресторан и оплата такси для отправки дамы домой проблемой не являются.

Заявки посыпались на Комаровскую, как из рога изобилия. Кастинг удовольствия ей не доставил. Большинство соискателей, не дочитав ее профиль до конца, останавливались на словосочетании «нечастых анонимных встреч для поддержания сексуального здоровья». Многие из них оказались страшными пошляками: нецензурно выражались, предлагали всякие извращения, слали фотографии своих половых органов, требовали соответствующих фотоснимков от нее. Некоторые вымогали номер телефона, адрес или селфи с автоматическим указателем даты – слово «анонимных» не произвело на них ни малейшего впечатления. Было несколько писем от святош-моралистов, обзывавших ее последними словами, была парочка – от пацанов-пубертатников, которые перепутали Светлану с вебкам-моделью. Все они сразу же полетели в мусорную корзину и были заблокированы.

В сухом остатке оказались лишь две заявки, с авторами которых женщина договорилась о предварительной встрече, чтобы решить, стоит ли шкурка выделки.

Мужчина, назвавшийся Вадимом, назначил ей встречу в ресторане «Шанхай-блюз», хоть и китайском, но не самом худшем в городе. Внешность у него была приятной, фигура спортивной, ни лысины, ни пуза не наблюдалось. Да и лет ему было не больше сорока. Новый знакомый поведал Светлане, что секс с женой-ровесницей у него давно превратился в рутину, да и тот еще следует заслужить. Супруга занимается им с таким неудовольствием, что проще завести связь на стороне, чем уламывать ее всю неделю на десятиминутный блиц-контакт. В остальном же – у него замечательная семья и полное взаимопонимание. Не рушить же идеально выстроенную структуру из-за такой ерунды, как разные потребности в сексе? Для этого существуют иные варианты. И самым оптимальным, по его мнению, являются «нечастые встречи без обязательств на нейтральной территории».

– Разве не так? – обаятельно улыбнулся Вадим, макая в сливовый соус кусочек блинчика из рисовой муки. – С любовницами обычно много проблем. Во-первых, это – нехилый удар по семейному бюджету. Во-вторых, они нередко слетают с резьбы и начинают угрожать браку. Платить же девушкам с низкой социальной ответственностью, для которых секс – это работа, как-то… унизительно, что ли. Вот и остается наш с вами вариант, когда секс нужен обеим сторонам. Никто никому не делает одолжения, никто никого не ревнует, не закатывает истерик, не треплет нервы. Меня вполне устраивают дневные встречи раз в неделю в загородном мотеле «Дубравка». Там тихо, уютно, есть бар, сауна, бассейн и мало шансов на встречу с кем-нибудь из знакомых. Вы согласны?

Светлана, молча, кивнула головой, ведь сейчас Вадим повторил то, что написано у нее в профиле. Жаль, что он не был заточен на то, что было у нее в мыслях. «Если второй соискатель не окажется чем-то аховым, можно будет попробовать повстречаться с этим глубоко семейным Вадиком, – подумала она. – Не понравится, исчезну с его радаров и все дела».

Вторым соискателем оказался тридцатилетний фитнес-тренер, откликающийся на игрушечное имя Стасик. Этот жениться не собирался в принципе – ни сейчас, ни в перспективе. Детей не просто не хотел, он их боялся, как чумы. Семейных людей Стасик презирал, с ними ему было очень скучно. Ему постоянно требовались праздники, походы, пикники, встречи с друзьями, поездки в новые места, а у людей, обремененных домочадцами, не хватало на это ни времени, ни энергии, ни спонтанности.

У молодого человека была почти ежедневная потребность в сексе, но его юные подружки «после первого же перепихона приступали к обсуждению вопроса о совместном проживании», и он тут же испарялся из отношений, как капля воды с раскаленной сковородки.

– Я – птица вольная, – бил себя в грудь Стасик, а эти куры хотят меня затащить в свой курятник, кинуть мне на шею парочку спиногрызов и ипотеку лет на двадцать. Нашли оленя! Нет бы, наслаждаться качественным сексом.

Слово «качественным» подогрело фантазии Светланы. Одно смущало: местом их интимных встреч должна была стать дача Стасика, а никак не приличный отель с бассейном и рестораном. «Хорошо хоть автомобиль у фитоняшки имеется, не придется на автобусе за город добираться, – взвешивала она ситуацию. – Впрочем, ни мужа, ни любовника из него все равно не слепить, а значит, его финансовая состоятельность мне до фени. К тому же, еще не вечер – не сегодня-завтра подгребут отставшие от поезда мартовские коты».

Первая встреча со Стасиком оказалась последней. Зря он надувал щеки: сексуальный партнер из него оказался никакой. Ничего, кроме «количества подходов к снаряду», он предложить партнерше не мог. К тому же, на даче была жуткая антисанитария, холод и голод – даже чайной заварки в доме не было. Стасик много болтал, жутко потел и все время хлюпал носом. К тому же, он имел предубеждение против презерватива. Последнее Светлану просто убило, и она уже собиралась удалиться. В последний момент парень передумал, но эффект спонтанности и остроты секса в незнакомце уже был смазан.

С Вадимом дело пошло лучше. Этот был внимателен к желаниям партнерши, лишнего не болтал, делал Светлане комплименты, угощал ее хорошим вином. Но все равно в воздухе витала какая-то напряженность, натянутость, неестественность ситуации, как будто они с Вадимом играют любовную сцену в фильме, на съемках которой присутствует половина съемочной группы. Опять же, за окном – божий день. Как не задергивай занавески – в комнате светло, на улице шумно да и время поджимает. В полвторого придет из школы Ирка, которую нужно покормить и отправить в музыкалку.

Сексом нужно заниматься вечером, когда у тебя впереди – полная страсти ночь. Семейные же люди не могут себе позволить подобной роскоши. Вадим должен являться домой ровно в 18.30, как всякий приличный супруг и папаша. Ей, Светлане, тоже по вечерам нужно быть с дочкой – Комаровский-то на работе. Вот и получаются у нее с Вадимом, вместо нафантазированных ночных оргий, какие-то детские утренники.

«Черт-те что выходит, – ворчала себе под нос Светлана. – Мало того, что личная жизнь эпизодическая, так еще и какая-то блеклая. Где страсти? Где острые ощущения? Где яркие краски, превращающие серые будни в праздник? Я чувствую себя, как какая-то проститутка на трассе. Последней хоть деньги платят… Нет, так дело не пойдет», – и женщина полезла в мусорную корзину, чтобы разблокировать не самых конченых соискателей, попавших ей когда-то под горячую руку.

Вечер амнистии ознаменовался реабилитацией двух сексуально-озабоченных типов, выславших ей, вместо лица фото своих половых органов. Последние, надо сказать, не особо впечатляли, и Светлане было неясно, что заставило их обладателей кичиться в Сети столь скромным «хозяйством».

Один из них мог встречаться только по вечерам, другой, судя по всему, безработный – «в любое время дня и ночи». С него женщина и начала, тем более что жил он в соседнем квартале. Звали мужчину Германом, если, конечно, это было его настоящее имя. Он был молод, хорош собой, практиковал тантрический секс.

На встрече со Светланой сообщил, что его ложе любви находится в гараже, оборудованном под салон. Есть там и отопление, и музыка, и приятное освещение, и широкий, как баржа, сексодром. Тратить деньги на отели он считает нецелесообразным, «лучше уж купить хорошего бухла или чего-нибудь «более вставляющего».

Ей бы сразу плюнуть на этот вариант, но любопытство погнало любопытную женщину за тантрическим сексом, оказавшимся самым обычным, только очень медленным или, как сказал Герман, «вдумчивым», длившимся два часа. «Суть его состоит не в достижении оргазма, а в самом процессе, – объявил он изрядно уставшей партнерше. – Его цель – слияние мужской энергии Шива и женской Шакти для максимального просветления. Давай сейчас кое-что примем и взмоем над обыденностью и рутиной».

Глаза молодого человека были стеклянными, лицо бледным, движения заторможенными.

«Совсем шизанутый, да еще и под веществами, – дошло, наконец, до Светланы. – Надо рвать когти из этого богемного гаража, пока Герман не придушил меня своей подушкой, расшитой индийскими слонами».

Пока мужчина слушал в наушниках какую-то музыку, она быстро оделась и ретировалась из гаража, решив, что с этим нариком она больше никогда не увидится. Ошиблась. Через два дня Герман подстерег ее у подъезда, когда она с дочкой возвращалась из плавательного бассейна.

Мужчина сообщил своей недавней партнерше, что их тантрический секс он записал скрытой камерой и намерен слить ролик в интернет, если она не заплатит ему тысячу долларов. Мол, сумма эта – просто символическая, если учесть, что он получит гораздо больше, предложив отснятый материал дельцам порнобизнеса или тому же Егорычу, которого давно знает – живут-то они почти по-соседски. На сбор денег Герман дал Светлане три дня.

Сказать, что она пребывала в шоке, – ничего не сказать. К разводу женщина была не готова. Тем более, к ситуации, при которой Комаровский может выставить ее за дверь, отсудить дочку и заставить платить на Ирку алименты. Да и сама Ирка на вопрос, с кем она хочет жить, однозначно бы ответила: «С папой». У них с Егорычем – сильная духовная связь, даром что неродные по крови.

В такую задницу Светлана еще никогда не попадала, но где можно занять тысячу долларов, она не знала. Родственников у нее не было, близких подруг тоже. Кредит ей без мужа никто не даст – она не работает. Продать ей особо нечего. Не воровать же идти, в конце концов!

«Ну, и пусть выставляет в интернет, моего лица там толком не видно, – решила Комаровская. – А Егорыч? Придется покаяться, не переломлюсь».

Сообразив, что его план рухнул, Герман пригрозил Светлане неминуемым разводом с мужем, который не станет дальше жить с прошмандовкой, и она с тревогой стала ждать развязки.

Последняя не наступила ни в этот день, ни на следующий, ни позже. Егорыч вел себя, как всегда – целовал ее при встрече и прощании, шутил, балагурил, обещал к отпуску сделать им с Иркой сюрприз. «Стало быть, торчок брал меня на слабо, – отлегло у нее от души. – Хорошо, что не запаниковала».

А через неделю сгорел гараж Германа со всем его содержимым. «Самовозгорание, проблемы с проводкой, – пришли к выводу дознаватели. – Хорошо, что хозяина не оказалось на месте, а ведь мог бы и поджариться, как курица-гриль».

Светлана не поверила дворовым сплетницам. Пошла к гаражам и убедилась: сгорел именно тот, «тантрический», а стоящим от него справа и слева – хоть бы что.

– Бог шельму метит, – позлорадствовала она. – Нечего на меня хвост поднимать. Мой ангел-хранитель – всегда на стреме.

Этот неприятный инцидент не стал для Светланы уроком. Спустя неделю она встретилась с оставшимся в запасе «ночным жеребцом». Уложив дочку спать, женщина отправилась на свидание к Демону Ночи, в миру Димону, сорокалетнему мужчине брутальной наружности. Он ждал ее в своем автомобиле на парковке, недалеко от девятиэтажки Комаровских, поскольку тоже жил неподалеку. Договорились ехать в шикарный лесной отель за чертой города. В пошитом супругом вечернем костюме и лабутенах, добавлявших ей тринадцать сантиметров роста, Светлана выглядела весьма соблазнительно.

Женщина была в приподнятом настроении: Ирка уже спала, Егорыч зарабатывал деньги, а ее ждало необыкновенное ночное приключение. Это вам не пародия на секс в пожароопасном гараже или на погрязшей в антисанитарии даче. Да и владелец шикарной голубой Мазды с тремя шестерками на номерах был не похож ни на тантрического наркота, ни на фитоняшку-малолетку, ни на «идеального супруга» Вадима.

Какое-то время дорога тянулась между двух стен хвойного леса, потом свернула куда-то влево, и автомобиль остановился.

— Приехали, перебирайся на заднее сидение, — скомандовал Димон пассажирке.

— В смысле, на заднее? — уставилась Светлана на мужчину. — А где шикарный отель?

— Не заслужила ты отеля, дешевка. Твой уровень — машина. Раздевайся.

У женщины пропал дар речи. Она все еще не верила в происходящее.

— Шевели булками, если хочешь сегодня попасть домой! — не на шутку рассердился Димон. — Иначе я уеду, а ты проведешь ночь наедине с лесной живностью.

В это время заскрипело соседнее дерево, угрожающе зашептали кроны устремленных в небо сосен и раздались жуткие вопли филина. На ватных ногах Светлана направилась в указанное ей место, представляя весь ужас ситуации, в которую она попала. Ирка проснется, а дома — никого. Начнется паника, звонки отцу, вызов полиции, опрос соседей, просмотр камер видеонаблюдения на соседних с домом зданиях — ужас, после которого ее семейная жизнь уже никогда не будет прежней. И она выполнила все пожелания Демона Ночи. Назад ехали, молча. Сил плакать у Светланы не было. Что, собственно, она могла предъявить Димону? Только то, что местом их «случки», оказался не лесной отель, а автомобиль в лесу. Так за это не наказывают. Любой, кому она пожалуется на обидчика, ответит: «Сама виновата!» и будет прав. Значит, надо вычеркнуть из сознания это событие, будто ничего и не было.

Мужчина высадил Светлану рядом со знакомой парковкой.

— Благодарю за приятно проведенный вечер, — съязвила она на прощание.

— Обращайся! — бросил тот в ее сторону и ударил по газам.

На часах было полчетвертого утра. Ирка спала сном праведника. Светлана встала под душ и простояла так минут тридцать. От пережитого унижения ее била крупная дрожь, из горла вырывались сиплые звуки, слезы стекали по щекам, смешиваясь с каплями воды. «Вообще-то я отделалась легким испугом, – пыталась она себя успокоить. – Окажись Димон маньяком, все могло закончиться гораздо хуже».

Утром она накормила Ирку и, отправив ее в школу, слегла в кровать с температурой – так организм отреагировал на стресс. Егорыч, заскочивший домой после ателье, не на шутку испугался – забегал, замельтешил, принес из аптеки лекарства и витамины, пригнал к жене знакомого Айболита, на сайте «Доставка правильного питания» заказал суточное меню на трех человек. Сторожить он в этот день не пошел, сказавшись больным. Весь вечер он парил жене ноги в тазике с горчицей, заставлял ее вдыхать горячие картофельные пары и пить много чаю с малиной. К утру температура спала, и Комаровский со спокойной душой ушел на работу.

А через два дня в их микрорайоне сгорела машина – шикарная голубая Мазда с тремя шестерками на номерах. Вспыхнула среди ночи, как факел и, несмотря на оперативность огнеборцев, взорвалась, превратившись в кучу металлолома.

«По имеющейся информации, причиной взрыва явился поджог», – сообщили в городских «Криминальных новостях». «А нефиг ездить с дьявольскими номерами, – злорадствовали обыватели. – Сейчас даже дети знают,

что «три шестерки» – символ Сатаны. Довыпендривался, лошара!».

Узнавшая о происшествии Светлана, не могла поверить своим глазам и ушам. Неужели ангел-хранитель снова разыскал ее обидчика и воздал последнему по заслугам? Таких совпадений просто не бывает. Хотя…

Два месяца она продержалась без приключений, а на третий затосковала по «движухе». Где-то там, в большом мире, за пределами ее семейного круга, люди веселились, предавались любви, наслаждались яркой, полной соблазнов, жизнью. А она, Светлана, варила супы, лепила котлеты, пасла Ирку, проводила выходные в обществе нудного и душного Егорыча. Как же ей хотелось заорать однажды во весь голос: «Живу я, как поганка, а мне летать охота!».

«Полеты» продолжились после того, как она снова посетила свою страничку на «Тиндере». Там ее уже ждало письмо от некоего Евгения Сергеевича, «мужчины приятного во всех отношениях», как он сам себя охарактеризовал. Соискатель внимания Светланы приглашал ее в недавно открывшийся в городе ресторан со странным названием «В темноте». Как тут было не откликнуться женщине, давно мечтавшей о красивой жизни?

Встретивший ее в холле мужчина был довольно презентабельным: высоким, стройным, дорого и модно одетым. Он источал запах изысканного парфюма и дорогих сигарет. Светлану смутили лишь его светонепроницаемые очки. Через пару минут на нее надели такие же. При входе в зал, ей пришлось сдать в специальный сейф свой смартфон, так как «он может светиться в темноте». Затем они с Евгением Сергеевичем заказали блюда из особого меню «вслепую», не зная, что скрывается под оригинальными названиями. Наконец их провели в помещение, в котором царила непроглядная темнота, и приходилось надеяться только на свой слух и вкус. Официант пояснил новенькой, что столь необычный антураж – это повод зрячим людям задуматься о жизни слепых, «ощутив себя ненадолго в их шкуре».

Поначалу подобная атмосфера напрягала Светлану, но потом она к ней привыкла. Музыка была приятной, еда вкусной, обстановка интригующей. Какое-никакое приключение на фоне ее унылых будней.

Во время ужина Евгений Сергеевич поведал собеседнице, что жена ему изменяет. Вот он и решил отплатить ей той же монетой. И платить будет до тех пор, пока «баланс не сойдется». Развестись они не могут – есть общий бизнес, поделить который практически невозможно. Опять же, дети, внуки… Банальная история, выход из которой столь же банален.

После трапезы новый знакомый объявил Светлане, что вечер необычных ощущений продолжается. Сейчас они поедут в один экзотический отель, где предадутся утехам, которые она запомнит на всю свою жизнь. Поскольку все это – сплошной сюрприз, очки она снимать не должна до тех пор, пока не получит соответствующую команду.

Пара села в такси.

Негромко хрюкнул мотор, и автомобиль понес женщину к новым приключениям, в предвкушении которых ее сердце колотилось в бешеном ритме. Ехали минут двадцать, не больше. «Стало быть, мы еще в черте города», – подумала Светлана, выходя из машины.

– Ступенька, – предупредил Евгений Сергеевич, поддерживая ее за локоть. – Еще одна… и еще.

Наконец, они оказались в каком-то помещении и присели не то на кровать, не то на тахту.

– Как ты относишься к жесткому сексу? – поинтересовался мужчина, резко перейдя на «ты».

– Нууу… Вообще-то, не знаю, – растерялась Комаровская. – Еще не пробовала.

– Ты многое упустила. Благодаря субкультуре БДСМ, можно реально окунуться в новые переживания, которые трудно получить другим способом. Жесткий секс дает гормональный эффект и развивает фантазию. Одним словом, будем наверстывать.

– А можно я душ приму? – взмолилась Светлана.

– Ни в коем случае! Ощущение собственной нечистоплотности

добавляет «нижнему» остроты восприятия. Давай сюда руки!

Женщина выполнила команду, и тут же раздались щелчки захлопывающихся наручников.

– Ложись на живот!

Светлана вытянулась на кровати, уткнувшись лицом в покрывало. В этот момент ее левая рука в наручнике была пристегнута к левой части кровати, правая – к правой. Во рту оказался кожаный шарик, который Евгений Сергеевич зафиксировал двумя ремешками на затылке и под подбородком своей жертвы. Теперь женщина не могла ни вытолкнуть его языком, ни закричать, ни возмутиться.

Подобные шариковые кляпы Комаровская видела однажды в каком-то порнофильме, но там все было по договоренности между партнерами, и шарик был размером поменьше. А этот мешал дышать и вызывал у нее активное слюноотделение. Ощущение крупного предмета во рту начало бесить Светлану. Понятное дело, бахрома из слюны на подбородке и невозможность от нее избавиться – довольно унизительная ситуация.

У женщины участилось дыхание, усилилось сердцебиение, закружилась голова. Ей не нравилась игра с закрытыми глазами и заткнутым ртом и вообще не устраивала роль «нижнего». С большим удовольствием Светлана сейчас бы отстегала Евгения Сергеевича кожаной плеткой. «Тоже мне, сюрприз! – мысленно возмущалась она. – Нашел девочку для битья, придурок».

Не успела она об этом подумать, как «верхний» разрезал ножницами ее платье по всей длине – от шеи до низа, превратив его в халат, надетый задом наперед. Затем очередь дошла до колготок, плавок и бюстгальтера, который можно было просто расстегнуть.

Кровь прилила к лицу женщины, ее стали одолевать панические мысли. Она попыталась закричать, завертелась ужом, заколотила ногами. Эти действия только раззадорили садистов. Да-да, в комнате бесшумно возник второй мужчина, который зафиксировал ноги жертвы при помощи специальной металлической растяжки. Теперь Светлана была полностью обездвижена и походила на распластавшуюся морскую звезду.

– Привет тебе, сучка, от регионального общества обманутых мужей, – прохрипел второй садист, и она узнала его голос. Это был «таксист», который привез их с Евгением Сергеевичем в эту «камеру пыток».

– Мы наказываем неверных жен, которые в своем бесстыдстве зашли дальше некуда, – прояснил он ситуацию. – Ведь твой муж, дрянь ты такая, не пьет, не курит, не гуляет, не бьет, даже голос на тебя не повышает. Так какого же черта ты по мужикам бегаешь и обманываешь святого человека?

Светлана попыталась что-то ответить, но издала лишь какое-то невнятное мычание.

– За свое неукротимое распутство ты, подстилка непотребная, приговариваешься к порке. На первый раз, к пятидесяти ударам многохвостной кожаной плетки – одного из самых популярных БДСМ-девайсов, – огласил приговор самодеятельный блюститель морали, и тут же на спину и ягодицы женщины обрушились удары. Били в две руки, один стоял справа от кровати, другой – слева. Прямоугольные кончики плеток со всей безжалостностью вонзались в ее нежное тело.

После десятого Светлана перестала считать удары. Спина горела так, будто на нее только что вылили ведро кипятка. Чтобы не сойти с ума от болевого шока женщина представила себе, что ее парят веником в бане.

Когда все закончилось, она услышала удаляющиеся шаги и запах сигаретного дыма. Стало быть, один ушел, а другой остался в комнате и сейчас курит. Вскоре ушедший вернулся, и спину Комаровской окатила новая обжигающая волна – экзекуторы обрабатывали ее дезинфицирующим раствором. «Надо же, какой гуманизм!» – пронеслось в ее воспаленном мозгу.

– На сегодня – все, – подал голос Евгений Сергеевич. – Если не прекратишь шляться, в следующий раз получишь сто ударов. Общество обманутых мужей будет за тобой следить.

С ног Светланы сняли фиксатор, с рук – наручники. На лохмотья, болтающиеся на спине, набросили пошитый Егорычем плащ. Тот самый, «удлиненный, с разрезами на рукавах». Мужчины повесили на плечо жертвы ее сумочку и подтолкнули женщину к выходу.

Непроницаемые очки немного сбились влево, и Комаровская краем глаза зафиксировала высокий забор из профнастила и необычные распашные ворота, напоминающие скрещенные пальцы.

Евгений Сергеевич помог Светлане сесть в машину, сам же устроился рядом. Назад автомобиль ехал вдвое дольше. Видимо, просто петлял по городу. Наконец, он остановился.

– Конечная, – прохрипел «таксист». – Дальше – своими ножками.

Светлана медленно выбралась из салона и, стянув с глаз очки, выбросила их в кусты. В глазах замерцали белые вспышки-проблески, словно кто-то светил ей в лицо фонариком. Во рту был противный кожаный привкус. Спина болела так, будто по ней прокатился бронетранспортер.

Куда ей нужно идти, женщина не знала. Судя по пейзажу, она находилась на загородном шоссе. Судя по огням, слившимся в одну сплошную линию, город был впереди, и она похромала в направлении света.

Вскоре Светлана услышала за спиной звук автомобиля и стала голосовать. Как ни странно, машина остановилась.

– Мне бы в город, – едва слышно прошелестела женщина.

– Нам по пути, – приветливо улыбнулся пожилой плотный мужчина с бородкой-эспаньолкой.

Ехали, молча. Комаровская была благодарна водителю за то, что тот не пристает к ней с расспросами. Она была просто не в состоянии вступить в осмысленный диалог.

– Станция Березай: кому надо – вылезай, – вывел ее из задумчивости приятный баритон мужчины.

Светлана посмотрела в окно: машина стояла у ее девятиэтажки.

– Как вы узнали, что я здесь живу? – удивилась Комаровская. – Я вам адреса не называла.

– Называла, деточка, называла, – усмехнулся водитель. – Я же не экстрасенс.

– Сколько я вам должна?

– Один воздушный поцелуй. Люди должны помогать друг другу.

Переступив порог квартиры, женщина села в прихожей на пол и беззвучно разрыдалась. Мерно тикали ходики на кухне, мирно посапывала Ирка в своей комнате. Через час-другой город начнет просыпаться. Дочка будет ворчать, собираясь в школу. Егорыч заскочит домой, чтобы принять душ, побриться и исчезнуть на сутки. Это значит, что ей, Светлане, нужно привести себя в порядок и, натянув на лицо беззаботную улыбку, жить дальше.

Сбросив с себя плащ, бывшее платье, и превратившееся в лохмотья белье, женщина повернулась к зеркалу спиной. Багровые кровоподтеки, царапины разной глубин и красные рубцы свидетельствовали о повреждении сосудов и внутренних слоев кожи. «Заживать будет недели две, не меньше, – с досадой думала Светлана. – И все это время раневая поверхность не должна попасться на глаза ни мужу, ни дочери. Объяснить им происхождение этого безобразия я вряд ли смогу, как впрочем, и медикам, которые тут же настучат правоохранителям, а те кинутся распинать Егорыча. Придется заняться самолечением».

Со временем жизнь Светланы вошла в свою колею, да и спина зажила – чем не повод для радости? Женщина таки сделала выводы, удалив с «Тиндера» свою страничку. «Ну их в баню, этих секс-экстремистов, – решила она. – С ними – один геморрой, а толку – ноль нарисованный. В конце концов, Комаровский не так уж и плох в постели, если ему подсказать «правильные ходы», а не ждать, пока сам догадается. К тому же, он не такой уж и старпер. У других вон разница побольше пятнадцати лет, и ничего – живут. Жаль только, что Виктор – рохля мягкотелая, не способная на мужской поступок. Ему бы немного жесткости и брутальности – цены б мужику не было».

А несколько дней спустя в «Криминальных новостях» сообщили о странном пожаре: в Красногвардейском районе дотла сгорел дом матери известного в городе предпринимателя Евгения Корчинского. Странность происшествия состояла в том, что пенсионерка уже месяц отдыхала на Мертвом море, и в доме не было ни души. Показали кадры с места пожарища, и Светлана узнала необычные распашные ворота, напоминающие длинные скрещенные пальцы.

От удивления женщина замерла с куском пирога во рту. «Нет, это не ангел-хранитель, тот бы попросту не допустил моих опасных «прыжков в гречку», – подумала Комаровская. – Это – мой персональный Ангел Мести. Вот бы на него взглянуть хоть одним глазком».

Время шло. Причина пожара в Красногвардейском районе установлена не была, и «за отсутствием подозреваемого лица» уголовное дело возбуждать не стали. Оно и понятно: дела по поджогам вообще имеют мизерный процент раскрываемости.

По городу поползли слухи о поджигателях из потустороннего мира. Вскочив на своего любимого конька, доморощенные экстрасенсы стали выступать в СМИ с утверждениями, что пожары последнего времени – дело рук сущностей тонкого мира, которые вмешиваются в нашу жизнь посредством поджогов, указывая, тем самым, на неправедный образ жизни погорельцев.

Народ стал массово страховать свое имущество – мало кто считал себя праведником. Горожане начали активнее заглядывать в церковь, чаще освящать свое жилье и автомобили. Подработали на этом деле и оккультисты с экстрасенсами.

Со временем пиротехническая паника улеглась, и все переключились на свежие природные катаклизмы. Тем временем в семье Комаровских наступило полное взаимопонимание. Светлана стала помогать мужу. Он все раскраивал и сметывал, а она выполняла техническую работу швеи-мотористки. Таким образом, в сторожевой будке швейную машину заменило раскладное кресло, и Егорыч наконец стал высыпаться.

Однажды вечером Светлана пришла к нему на работу – принесла свежесваренных вареников со сметаной. Будка была открыта, а Егорыча нигде не было. «Пошел на территорию делать обход», – сообразила она. Женщина села в кресло мужа и стала разгадывать сканворд, напечатанный на обложке журнала. Ручка отказывалась писать по глянцевой поверхности, и в поисках другой Светлана полезла в ящик стола. Там, под ворохом старых журналов, лежал плотный коричневый конверт с надписью: «Отчет о проделанной работе». Любопытство заставило ее сунуть туда свой нос.

Комаровская вытрясла из конверта его содержимое, которым оказались несколько цветных фотографий формата А4. На первой был гараж любителя тантрического секса. Еще до пожара. На второй – голубая Мазда с тремя шестерками на номерах. Еще до возгорания.

На третьей – знакомые распашные ворота-пальцы, за которыми виднелся дом, еще до превращения его в гору пепла. На четвертой – она, Света, голосующая на загородном шоссе. Страшная, как привидение, – с растрепанными волосами, размазанной по щекам помадой, черными от осыпавшейся туши подглазьями и свисающими из-под плаща лохмотьями.

У женщины вспотели руки, задрожали губы, лицо покрылось красными пятнами. Она положила конверт на место, убрала в пакет контейнер с варениками и, плотно прикрыв дверь будки, быстрым шагом направилась домой.

Торнадо из мыслей и эмоций накрыло Светлану с головой. Она испытывала одновременно целую гамму чувств: удивление, страх, стыд, досаду, раскаяние… Тем не менее, женщина была счастлива – теперь она знала своего Ангела в лицо.

Рада ПОЛИЩУК. Ах, раньше бы, раньше!

Месяц за месяцем, уже весна перетекла в лето и жара пала на город, едва забрезжит утро, они одновременно, будто сговорились заранее, распахивают двери своих халуп в дальнем углу двора, всегда погруженном в тень старого, многое повидавшего на своем веку каштана. Двери, яростно скрипя несмазанными петлями, летят навстречу друг другу и с грохотом сталкиваются, производя во дворе неурочный оглушительный шум. И скрип, и шум, усиленные гулким эхом, прячущимся по углам и щелям двора-колодца, шарахаются от стены к стене, от окна к окну, залетают в форточки, проскальзывают за занавески.

Жильцы привычно вздрагивают, преждевременно просыпаются в своих постелях, не имея такого осознанного намерения, привычно незлобно чертыхаются про себя, тяжело переворачиваются на другой бок, пытаясь снова провалиться в спасительный сон, еще не успевший раствориться до конца в предутреннем обманном свете. Это старики, уравновешенные, тихие, безмятежные, которые, по счастью, составляют большинство обитателей старого дома на углу двух неказистых кривоколенных переулков, зигзагом уползающих то ли в завтрашний день, то ли во вчерашний.

Есть, конечно, и другие, смешно было бы утверждать обратное. Их, по счастью, всего двое – в первом, полуподвальном этаже и в третьем, подчердачном. Эти только и ждут хоть какой худой зацепки, чтобы облегчить душу скандалом. А тут и искать ничего не приходится: каждое утро в назначенный час начинается с ритуального дебоша.

Снизу, из полуподвала – взбалмошная бессемейная старуха Клавдия, со своей грудной жабой, с которой носится, как дурак с писаной торбой, всем в нос тычет по любому поводу и без, даже кичится ею, потому что больше ей решительно нечем похвастать перед соседями и скудной отдаленной родней, избегающей по возможности общения с нею. С каждым годом сама все больше на жабу похожая, Клавдия, позабыв обо всем на свете, орет что есть мочи, до хрипоты, до удушья, до сердечного приступа, сладко и удовлетворенно отходя после, рассасывая под языком нитроглицерин и обмахиваясь засаленной, круто скрученной газетой, которой ловко, почти без промаха бьет мух направо и налево.

Под чердаком, не торопясь, в предвкушении потехи готовится вступить в бой потомственный шпана и смутьян во дворе, пробу ставить негде, Федор-чокнутый, сын Федора и внук Федора, один другого стоят, кто помнит, тот знает, о чем речь, а кому не довелось, пусть радуется, что обошло стороной никчемное это знание, липучее, как мухоловка.

Федор молча, с нескрываемым азартом швыряет через распахнутое настежь окно заранее заготовленные дальнобойные снаряды – помятые, источающие тошнотворный гнилостный запах помидоры, из которых даже добрая хозяйка при особом рвении не смогла бы приготовить ничего пригодного к употреблению, вконец испорченный продукт. Но Федору ради такого дела – не жаль, и не для кулинарных радостей собирает он по рынку эти отбросы в холщовый мешок, который взбухает от сопревших в нем помидоров, и красная густая жижа расползается вокруг и тяжелыми каплями падает на пол в парадной зале, потому что удобнее всего стрелять именно отсюда – точный баллистический расчет. Правда, следует признать, – ни одного попадания не случилось ни разу, да это и невозможно, слишком далека цель. Федор это знает, для него здесь, как для настоящего олимпийца, важна не победа, а сам факт участия в потехе. Другого интереса у него нет.

Только дворничихе Варюхе от всей этой катавасии выпадает лишняя работа – отмывать каждое утро плиты двора от томатных ошметок, как от крови после побоища. Да она уже и не ропщет, смирилась – не совладать ей одной с этим утренним необузданным бешенством, и работу свою справляет с удовольствием, с улыбкой и песней, как в кино, ей ведь в самом деле не в тягость лишний раз помыть-поскрести, только чище будет. И двор ихний, между прочим, как раз по чистоте первое место занимает во всем квартале не один десяток лет, это вам – не хухры-мухры. Варюхина довоенная фотка до сих пор висит на Доске почета в домоуправлении, сама себя не узнает в глазастой и вихрастой девахе, вывернувшей губы в улыбке с такой удалью, что и десны и все зубы видны. Теперь только пять осталось, и те на задворках, поэтому Варюха держит губы бантиком и когда поет, и когда улыбается, даже говорить пытается с сомкнутым ртом, но это не часто случается – не с кем, да и не о чем. Все, что интересно было когда-то, она про себя давно продумала, кое-что уяснила в своем понимании, а что-то в сторону отодвинула, чтобы мозги себе не портить.

Теперь, в старости, в церковь исправно ходит, слушает батюшку, подолгу слушает, ноги от тяжести свинцовыми делаются, а она все стоит, словно ждет чего-то, может, боженьку увидеть хочет, убедиться, что он есть и ее, Варюху, заприметил за прилежание и усердие понять его Божий промысел. А может, просто – тепло тут, свечи красиво горят, голос у батюшки мягкий, умиротворяющий, и люди вокруг, каждый со своим горем и радостью, и лики со стен смотрят ласковыми влажно-печальными глазами, будто сочувствуют ей, рабе Божьей Варваре. Благодать.

А во дворе у нее работа, которая ей ничуть не в тягость, не в унижение, привычная работа.

Жильцы, что помоложе, вовсе стараются не замечать всю эту явно затянувшуюся дворовую каждодневную кутерьму, а может, и впрямь не замечают, имея крепкий здоровый сон, от вечера до утра, до своего часа, до будильника, а если кто и в курсе происходящего, не придает серьезного значения, у всех свои интересы, куда более насущные и важные, чем стариковская возня на пустом месте. Да и кому, если положить руку на сердце, нужно это старичье, никчемное, ничье, как тряпье старое на заборе, мода такая пошла – вместо того чтобы в помойку выбросить, развешивать на заборе: а ну, кому сгодится для какой-нибудь надобности. Смехота, и только. Ветошь – она ветошь и есть, что тряпье, что старичье.

Так думали многие, но стариков не трогали, не задевали. Может, тому причиной старые выгоревшие гимнастерки, обвешанные медалями, в которых молча коротали они День Победы на своих скрипучих табуретах в дальнем углу двора. Может, тихий перезвон медалей при каждом вдохе и выдохе, при натужном протяжном кашле и неосторожном движении, перезвон, невнятно напоминающий то ли военный марш, то ли похоронный. А может, еще что, кто знает.

Таков был внешний расклад.

А сами виновники события, старики-погодки Иван и Янкель, Ваня и Яня, а попросту – Ванька и Янька, как звали их сызмальства, закадычные друзья-соседи, живущие за стенкой-перегородкой с хорошей звукопроницаемостью, провоцирующие ежеутренне весь последующий тарарам, с кряхтением и стонами долго и тяжело усаживались на скрипучие табуреты каждый у своей двери и застывали как изваяния в одинаковых позах, опираясь подбородками один – на деревянный костыль, верх которого, что трется подмышкой, обмотан старой, никогда не стиранной, почерневшей от пота и пыли марлей, другой – на самодельный, ловко обтесанный деревянный посох, без которого не мог пройти и двух шагов.

И костыль, и посох изготовил собственноручно Ваня, из них двоих один умелец, а после поделился с другом, отдал ему посох, видя, как тот мается, волоча за собой как обузу никчемную парализованную левую ногу. Яня к посоху приспособился не сразу, но все же в движении стал шустрей и не так боялся упасть. Они тогда еще тесно общались меж собой, ни у того, ни у другого ближе не было собеседника.

Это позже, под самый почти конец жизни, у них непримиримое расхождение случилось на религиозной почве. Вот именно что не на национальной, вот именно. Что Янька – еврей, жид, а Ванька – русак, кацап, они знали с самого детства, как и все во дворе. Ну и что с того – эка невидаль: и жидов, и хохлов, и кацапов, и греков, и татар, и цыган, и всякого другого люда во дворах водилось несметно. Не разберешь, кто есть кто, да и ни к чему было до поры.

Потом пошли аресты тридцатых годов, массовые собрания в поддержку политики партии, даже малограмотное население, тупея от непреодолимого, почти животного страха, выступало с искренним и яростным осуждением врагов народа, какое бы обличье те ни принимали – хоть отца родного, хоть брата, хоть свата. Потом грянула война народная, священная и смертельная, воистину смертельная, где все нации гуртом по смерть шли ради великой общей победы, никто на них тогда специальные бирки не вешал.

Сколько людей сгинуло, до сих пор на миллионы ошибаются, сосчитать не могут. А нации все ж таки после войны разделили – вклад каждой в процентном отношении высчитали, для чего-то понадобилось.

Миллион – это ж сколько людей: не только солдат на полях брани, а стариков немощных, детей несмышленых, девиц невинных, молодух в соку, дамочек в шляпках с перьями и муфточками, в фильдеперсовых чулочках и башмачках на каблучках – училок, врачих, артисток. И каждый свою жизнь хотел прожить как можно лучше, мечтал, терзался своими муками, радовался своим радостям, любил, строил планы, завидовал, в Бога веровал, слепо, бездумно, для успокоения души или отрицал его, будучи атеистом и по рождению, и по воспитанию, а все же и заповеди соблюдал, не трактуя так свое поведение. И приметам придавал большое значение, и чуда какого-то тайком от всех, да и от себя самого ждал до самого конца, пока глаза не смежались с последним вздохом – и исчезающий проблеск сознания: может, сейчас? там? или уже – здесь произойдет то самое главное, ради чего терпел изо дня в день эту жизнь, вот – сейчас и здесь?

А перед лицом насильственной, мученической смерти душа от страха и неотвратимости разлетается на мелкие осколки, из которых уже ничего не собрать заново, или воспаряет из ямы или выпархивает из труб крематория ввысь, где светло, безбрежно, привольно и нет памяти о прошлом, даже если оно только-только настало? Нет ответа. Человек – существо сложное, многомерное, никто не знает, о чем думает он, вступая в смерть.

Миллион – туда, миллион – сюда! Ни на каких счётах не раскидаешь. Страшно подумать. А евреев шесть миллионов сожгли и расстреляли просто за то, что евреи, толпами, тысячами вели на убой, как скотину. И некому было защитить, отбить и отомстить оказалось некому. Так и лежат костьми и пеплом, по разным городам и странам, не похороненные по чести, по правилам, не оплаканные, не отмоленные.

Ваня и Яня часто и подолгу рассуждали обо всем этом, пытались постичь глубинный, не поддающийся разумению смысл страшной трагедии, которая мало кого обошла стороной. И кто виноват во всем? Кто должен ответ держать перед будущим? Кто-то же должен. Иначе – никак нельзя. Говорили много, и получалось вроде, что Ванька особо болезненно переживал все, и еврейскую трагедию в том числе.

Может, из-за Яньки. Тоже ведь еврей, а Ванька его любил, как брата родного, и готов был защищать везде и всюду. И защищал, тем более что хиляк Янька вечно попадал в какие-нибудь истории – неуемный борец за справедливость и всеобщее равноправие, наивный, как дитя малое. Ванька и защищал его, как маленького, даром, что ли, на год старше был.

А на войне Янька его от смерти спас. Несколько часов, а казалось – вечность, тащил то на себе, то волоком до медсанбата через жидкий, простреливаемый на перехлест лесок, весь изрытый воронками, полными ледяной талой воды, сам весь мокрый – и от усилия, и от воды, и от страха, что Ванька умрет без медицинской помощи. Несколько раз ему чудилось, что уже и умер дружок его, что тащит он бревно тяжелющее, потому что Ванька перестал шевелить руками и ногами, а то все силился помогать ему, и Янька покрикивал притворно сердито:

– Не рыпайся, силы береги, сам справлюсь.

Вот он и перестал рыпаться. А все же не помер, успел Янька его врачам сдать, почти бездыханного, но живого. И сам чуть не окочурился, шесть часов кряду проспал прямо во дворе госпиталя, где Ваньку у него из рук с трудом вырвали – пальцы скрючило от напряжения и холода, долго потом отходили, думал – уж так и останутся. Потом Янька – снова в бой, а Ванька на больничной койке в долгом беспамятстве оживал помаленьку. Как ожил, догнал свою роту, и вместе войну довоевали, как вместе и начали.

А когда вернулись домой, выяснилось: и здесь судьба к ним одинаково повернулась – задом. Нежданно-негаданно. Оба одиночками оказались, при живых женах. Обоим жены рога наставили, пока они воевали за них и за родину, рискуя погибнуть каждую минуту, веря в победу и последующую долгую мирную жизнь без страха, грязи и боли, без разлук, ожиданий и слез, может быть, и не легкую, но непременно счастливую. Жить в своем доме, с любимой женой, детишек нарожать, в профессии определиться – все, пожалуй, никаких особых притязаний у них не было.

Но не тут-то было. Мечты, даже самые незамысловатые, не всегда с явью сходятся.

И Ваньке его баба изменила, с чужим мужиком сошлась, причем – с тяжело раненным евреем танкистом, которого буквально из рук смерти вытащила в военном госпитале в Абдулине, где она, учительница младших классов, на санитарку переучилась, и такая любовь про меж них случилась, на крови и зловонном дыхании смерти замешанная, что прямо вросли друг в друга – не отодрать. Его Фрося, его лебедушка длинношеяя, тихая, нежная, как дитя, на войне он грезил о ней всегда – и с закрытыми глазами, и с открытыми, ее прохладная ладошка касалась его лица, отгоняя сон и смерть, потому что, если она рядом, он обязательно будет жить. Она держала его за руку, голова ее лежала на его плече, когда уже раздалась команда «по вагонам!!!», на перроне все зашевелились, заплакали, загремел военный оркестр, а Фрося все шептала ему тихо в самое ухо:

– Я всегда буду с тобой, Ванечка, всегда, и ты вернешься, ты обязательно вернешься.

Вот он и вернулся.

И Янька вернулся тоже.

И его Фрида отчебучила не хуже Фроси – сошлась с одноруким узбеком, зам начальника автобазы в Ташкенте, комиссованным по инвалидности из-за отсутствия правой руки выше локтя. Сошлась при живом муже, который ей письма слал с фронта при каждом удобном случае, про любовь в стихах писал, про весну и про звезды, складно так, как заправский поэт, и засушенные цветы полевые вкладывал, чтобы ей приятно было. Чем ее этот узбек околдовал, чем Янькину беззаветную любовь перешиб и их с Фридой взаимное тяготение друг к другу, неистовое, до бешенства, до обморока – не постичь, не понять, не исправить…

Ах, Фрида, Фрида. Раскрасавица чернокудрая, гордячка неприступная, по которой Янька сох чуть не с детства, по пятам ходил за ней, след в след, будто под гипнозом, стихи в альбом писал, как молодой Пушкин, цветы каждое утро на подоконник клал, только Ванька знал, что по ночам рвет их на клумбах в ЦПКиО. Одним словом – взял Янька Фриду свою измором. И такая странная любовь у них случилась, не любовь – болезнь, малярийная лихорадка, буквально трясло обоих, то страсть косила наповал, не могли насытиться друг другом, то расшвыривало в разные стороны – бежали безоглядно прочь, долго бегали, пока не падали, теряя последние силы, в объятия друг друга. И так – снова, снова и снова. А когда на войну провожала, в ногах у Яньки валялась и кричала:

– Прости меня, Янек, Янечка, родненький ты мой, прости!

– За что простить-то? – озадаченно талдычил вконец потерянный Янька, склонившись над ней. – За что?!

Ни ответа не получил, ни поднять Фриду не удалось, все шел, озирался, а она кричала вдогонку: прости, прости, прости! Будто предчувствовала, что будет за что на коленях прощение вымаливать.

Ну что тут скажешь – неприглядную картину застали Ваня и Яня, вернувшись с войны. Не встретили их жены, жили вдали от дома с чужими мужиками, детишек нарожали, Фрося – двух мальчиков,

Фрида – двух девочек, как сговорились. И что особенно смешно: русская – от еврея, еврейка – от узбека. Полный интернационал.

Так война распорядилась. В те годы все на войну списывали – она и разлучница, она и сводница, кого опустила не по справедливости, кого вознесла до небес без всякой причины и повода, кого вовсе стерла с лица земли или непоправимо изуродовала и покалечила. Но это не обсуждается – это ее вина: когда в танке горел, на мине подорвался, руки-ноги оторвало, обгорелым обрубком вместо человека стал – ничего не попишешь. И слов других не найдешь – война проклятая.

Они, Ванька и Янька, целехонькими из этой кровавой бойни выбрались, а любимые жены предали – как с этим жить?

На всю оставшуюся жизнь бобылями остались, предательство жен все кишки разворотило, как разрывной снаряд. Так и не оправились от увечья. Не то чтобы женщин игнорировали как класс, нет, конечно, крепкому зрелому мужику так не прожить. Но в серьезные отношения не вступали, отдавая дань должного уважения всем женщинам: и молодым послевоенным вдовам, хранившим верность мужьям до самого конца, до похоронки, а то и годы после, и просто тем, кто не дождался своей бабьей доли, опять же из-за войны проклятой – не хватало на всех мужиков, даже калеки были нарасхват. Жалели всех женщин Ваня и Яня, очень жалели, но дальше этого дело не шло. Любовь не случилась ни разу. Не позабыл Ванька свою Фросю, а Янька Фриду свою – ну что тут поделаешь, на все воля Божья.

Наверное, так.

В общем, жили, мало-помалу привыкли к своему холостячеству, тем паче – почти не расставались, только на работу в разные стороны разъезжались, а так все вместе и вместе. Все делили пополам. Когда послевоенные посадки начались и снова на евреев накат пошел, Ванька сказал:

– Я тебя как самого себя знаю и всюду об этом скажу, если потребуется: какой ты бесстрашный герой, патриот страны и верный друг. Не боись. Веришь мне?

Еще бы Янька ему не верил – они во время войны на крови поклялись в дружбе до гроба. Он сам за Ваньку жизнь готов был отдать. Только ведь коснись чего – кто бы стал их спрашивать? Слава Богу, это лихо обошло их стороной. А может, Бог и ни причем.

Но кто-то же был вершителем судеб, кто-то крутил колесо фортуны.

Так и состарились Ваня и Яня бок о бок, плечом к плечу, к одной стенке по ночам прижимались, как когда-то в землянке, только теперь с разных сторон, каждый в своей комнате, в своей постели. И все об одном и том же говорили – кто виноват и кто ответ держать должен.

Только однажды Ваня потревожил Яню вопросом:

– А где ваш Бог еврейский был? Куда смотрел? Отворотил лицо свое от чад своих – почему?

Этот вопрос, неизбежный, страшный все мозги опутал паутиной, которую не разорвать, не распутать, – Янька и сам себе запрещал думать об этом и боялся услышать со стороны. Ванька задел его очень сильно, будто нож в сердце вонзил. Янька хотел ответить, но вместо этого глухо застонал, в голове что-то щелкнуло – и он потерял сознание.

Когда в себя пришел, увидел над собой Ванькино лицо, не сразу узнал – глазницы и щеки ввалились, и такая тревога в глазах, такая печаль, что Янька чуть не расплакался, и в груди потеплело, и смерть отступила. На этот раз Ванька ее пересилил, не дал ему умереть, вытащил, как он его когда-то с поля боя.

Но когда заговорил Янька, сам не знает, почему, вместо слов благодарности и дружеской привязанности, вдруг выкрикнул, резко и непримиримо:

– Нет никакого Бога, нет, ни еврейского, ни татарского, ни русского. И слышать больше об этом не хочу, и говорить об этом не буду! Нет Бога!

Прикрыл глаза от слабости, а когда открыл, увидел, что Ванька стоит на пороге палаты, смотрит на него с жалостной укоризной и состраданием одновременно.

– Тогда нам больше вообще говорить не о чем, – с усилием выговорил Ванька.

– Значит, не о чем, – повторил Янька, пересиливая тяжелое удушье, будто чья-то рука сжала горло и не отпускает.

«Вот и хорошо, вот и отлично, – задыхаясь, подумал Янька, – больше и сам себе не задам этот вопрос, и ни от кого не услышу. Отмучился, наконец».

Он даже улыбнулся, закрывая глаза.

Домой Янька вернулся ранней весной, только-только почки на деревьях проклюнулись. Привезли его санитары на машине военного госпиталя, где пролежал он еще около месяца после того, последнего разговора с Ванькой.

Жили каждый сам по себе. К Яньке приходила женщина из социальной службы, помогавшей участникам войны. Ванька покрепче был, справлялся сам.

По утрам, не изменяя давней привычке, ровно в семь тридцать утра выползали они из дома, с грохотом отворяя двери, так, что весь дом вздрагивал. При этом каждый не хотел признаться себе в том, что основной побудительный мотив ежеутреннего демарша – узнать, жив ли сосед, не случилось ли чего, может, помощь нужна неотложная.

Они и по ночам прислушивались к привычным шорохам, стонам, кряхтению, к любому звуку за перегородкой, весь смысл ночных бдений сводился к одному: есть звук – есть жизнь. Главное – не пропустить тишину.

Во дворе, успокоившись и водрузившись на свои табуреты, Ваня и Яня замирали в неподвижности надолго, как в детской игре в «замри». И зрачки застывали, устремленные в одну точку, будто перед камерой фотоаппарата. Только «отомри» сказать некому, и птичка из объектива не вылетит, они это давно уяснили и друг над дружкой посмеялись за простодушную доверчивость не мальчишек уже, а почти что отроков. Тогда они впервые в жизни зашли в фотоателье, сфотографироваться на документы – для рабфака.

Вся жизнь утекла с той поры…

А теперь вот сидят, уставившись в одну точку, и рядом, и вместе с тем – порознь, и оба страдают. Размолвка вышла. С Ванькой, другом неразлучным, почти что братом, с которым все в жизни делили поровну и в мирные годы, и в военные, когда четыре года сапогами месили снег, и тонули в болоте, и пузом вжимались в теплую пашню, ползли и шагали, и снова ползли, и понимали друг друга не то что с полуслова – без слов. А из-за чего размолвка вышла, сказать и смешно и грешно одновременно: Ванька на старости лет религиозным заделался. Ванька – религиозным! У Яньки от такого преображения друга буквально мозги набекрень сбились.

А Ванька крестился, в церковь стал ходить, духовника завел и подолгу с ним беседовал. Янька подозревал о чем: хотел решить все нерешенные ими вопросы или хоть как-то приблизиться к сути и сущности всего непонятого. Только без него, без Яньки, и он страшно ревновал Ваньку, стыдясь признаться в этом самому себе.

Хотя не станет кривить душой против друга – тот его звал с собой, звал. Хочешь, говорил, в церковь ходить вместе будем, хочешь – иди в синагогу, к своим, к раввину. Я свою Библию читаю, а ты свою читать будешь. Разницы никакой – несть эллина, несть иудея, сказано. Да нам ли с тобой этого не знать, Янька? И поверь мне, говорил, с Богом в душе жить легче, не то что на него все свалить можно, все грехи свои, все ошибки, обиды, сомнения, беды. И требовать от него ответа – за что, почему так со мной? Нет, я совсем о другом…

И глядел куда-то вдаль, напряженно прищурившись, словно уже видит что-то, что подслеповатому Яньке с катарактой обоих глаз разглядеть не дано.

– Нашу Библию называют Торой, не знаешь, не лезь, – огрызнулся Янька.

А про себя подумал: «Ну что ты к нему прицепился, сам ничего не знаешь. Тора, Тора… Когда ты ее видел в первый и последний раз?

Вспомни…»

Сердце дрогнуло и вспомнило то, что давным-давно позабыл он, будто в темный глубокий колодец провалился. А там, на дне – светло, тепло, дедушка Исай, Саюшка, сидит вот так же, как он сейчас, на табурете возле двери своего дома, на коленях у него раскрытая толстая книга в черном переплете, на самом кончике тонкого носа с горбинкой сидят старые круглые очёчки с веревочками, зацепленными за уши. Дедушка читает, безмолвно шевеля губами, и водит указательным пальцем руки по строчкам – справа налево.

Янек подбирается поближе к нему, подсовывает голову под локоть свободной дедовой руки и, заглядывая в лицо, спрашивает:

– Очки как держатся, на веревочках?

– Да, дитя мое, так.

– А если порвутся?

– Привяжу новые.

– А читаешь книгу?

– Да, дитя мое.

– Я тоже хочу, почитай мне.

– Ты будешь читать другие книжки.

– Я хочу эту.

– Я бы тоже хотел, чтобы ты читал эту книгу, но у тебя будет много других.

– Как называется эта?

– Тора, дитя мое, ступай, ступай, не отвлекай меня.

Когда через несколько лет хоронили дедушку Саюшку, Янек попросил отца:

– Подари мне Саюшкину Тору.

– Нет, сынок, – твердо ответил отец и добавил, как дедушка: – У тебя будут другие книжки.

И он читал, много читал, но никогда Тору. И никогда не вспоминал о ней, вот только сейчас пронзило острое любопытство, как тогда в детстве – что там написано в этой книге, которую дедушка Саюшка читал изо дня в день, из года в год? Да поздно уж, поздно – и мозги не те, и катаракта. И вообще – ни к чему.

Это Ванька – дотошный, всегда был дотошным, во всем хотел разобраться досконально. Янька, наоборот, – не желал ничего ворошить, копать, докапываться до истины. Все, что могло произойти в его жизни, уже произошло, ни в его и ни в чьих силах повернуть дорогу вспять, переставить фигуры и сыграть вместо драмы комедию. Да он и не хочет никуда возвращаться, ничего переигрывать и переосмысливать, отгородился от прошлого высоким глухим забором – ни подсмотреть, ни подслушать.

Только два вопроса не оставляли его, терзали душу.

Один – личный.

За что предала его Фрида? Хотя и это осталось по ту сторону забора. Она просто умерла тогда, в сорок пятом, и он, как мог, прожил без нее долгие годы, выкорчевывая из души все воспоминания. Только от ночных видений избавиться не смог, когда шелк ее волос и бархатистая нежность кожи с горьковатым полынным запахом, и губы, пухлые, сладкие сводили его с ума – не помогали ни водка, ни снотворное, ни другие женщины, ласковые, добрые, преданные, но все равно чужие, не нужные ему. Не им придумано – сердцу не прикажешь.

Один – от имени всего еврейского народа.

За что Бог наказал ни в чем не повинных евреев? А если окажется, что в чем-то пред ним виноваты, – то все равно: кто дал ему такое право? Или о Боге так нельзя? Тогда он вообще не хочет о нем говорить, категорически не желает.

Так и сказал Ваньке в больнице, пряча за раздражением свои сомнения и муки:

– Нет никакого Бога, нет, ни еврейского, ни татарского, ни русского. И слышать больше об этом не хочу, и говорить об этом не буду! Нет Бога!

Как накликал на себя: совсем потерял речь после очередного удара, в результате которого вскоре и умер. И уже не видел, не понимал, как беззаветно Ванька ухаживал за ним, с полной отдачей всех сил, будто не провожал в последнюю дорогу, а выхаживал для новой жизни, в которой расцветут пышно, красиво и заплодоносят все несбывшиеся Янькины мечты.

Может, Ванька и верил в это, Бог православный Иисус Христос помог. А Янька все порывался сказать ему: Иисус-то –из наших, из евреев. Да не получилось, не смог.

Ванька сам обмыл, по-своему, как понимал, тело своего закадычного дружка Яньки, надел на него чистое исподнее, вылинявшую гимнастерку с медалями, уложил на узкую кушетку возле общей стены, через которую бессонными ночами тревожно прислушивался к Янькиному тяжелому дыханию, подложил под голову подушку, подбил, поправил, чтобы Яньке поудобней было, накрыл до пояса белой простыней, сложил на груди холодные застывшие руки, вспомнил, как Янька рассказывал про свои скрюченные пальцы, и слезы потекли по впалым небритым щекам. Присел в растерянности к столу, не понимая, что делать дальше.

Он хотел похоронить Яньку как положено, по-божески, на еврейском кладбище, с молитвой. Только как подступиться – не знал, а родственников у Яньки не было.

Пошел за советом к духовнику своему, отцу Борису, думая о том, как причудливы дороги судьбы.

Отец Борис, Борька Шелякин, тоже сосед, довоенных детских лет, самый отъявленный сорвиголова, зачинщик дворовых авантюр, кумир всех мальчишек и беда мам и бабушек, годам к пятнадцати похоронил отца, через год мать, остался старшим над четырьмя сестренками, мал-мала меньше, сразу повзрослел, вымахал сантиметров на восемь за одно лето и вскоре выехал со двора со всем своим семейством. Куда – никто не знал, и потеряли его из виду. Первое время вспоминали Борьку часто, и как ни смешно покажется – даже мамы и бабушки. Скучно без него стало всем. Потом столько всего случилось, что забыли и про Борьку, и про детство, да и мало осталось тех, кто мог помнить.

Только после войны, долгие годы спустя, встретил его Ваня на улице – высокого, стройного, в сутане, с длинными, вьющимися по плечам седыми волосами. Не узнал, но остановился, пораженный удивительным светом его глаз, на мгновение показалось, что слепнет, даже прищурился и тут услышал голос:

– Здравствуй, Ваня, благослови тебя Господь, сколько лет-зим не виделись. Давай присядем тут, рассказывай.

На деревянной скамье возле трамвайной остановки они просидели до темноты. Моросил дождь, толпились люди, трамвайный звон то и дело заглушал слова, но Ваня говорил и говорил, о чем – не мог вспомнить, и не замечал ничего, кроме просветленного лица Борьки Шелякина и его сияющих глаз.

Сейчас отец Борис помог ему найти Илюшку Когана, тоже пацаненка из их двора. Илюшка, которого теперь величают Илия, хорошую память имел, потому не смог бы отказать Ване ни в какой просьбе, да только тот к нему никогда не обращался. Дед Илюшки задолго до войны был раввином в синагоге, это, конечно, не афишировалось, но тайну знали все, даже мальчишки. За это ли или потому, что в очках ходил и был отличником в школе, Илюшку не только дразнили почем зря, но и поколачивали – он был мальчиком для битья по любому поводу. Только Ванька за него заступался, именно Ванька, а не Янька, что очень характерно – заступись Янька за своего, вроде и сам такой же, а ему не хотелось, он хотел быть как все.

Илия все устроил. Место нашел на еврейском кладбище, там же прощальный обряд провели по всем правилам. Ваня слушал молитвы на древнееврейском языке, слёз не удерживал, плакал в открытую, казалось, понимает каждое слово, а откуда-то снизу, как из преисподней, едва различимо, но пронзительно кричала Фрида: прости, Янечек, прости!

И он шептал одними губами:

– Прости ее, Янька, прости, как я простил Фросю, свечи ставлю, теперь уже за упокой ее души, а Фрида жива, отпусти ты ее с миром – прости.

Он видел, как просветляется Янькино лицо, как склоняются над ним ангелы, ему показалось, что под камешками, лежащими на веках, у Яньки слегка задрожали ресницы, – понял, значит, и согласился. Ах, раньше бы, раньше! Не было бы этих ударов на нервной почве, на почве неприятия его, Ванькиного, стремления к Богу, его, Ванькиной, дотошности в желании все поставить на свои места, навести порядок в мятущейся душе, умиротвориться.

Ведь тоже мучился, сомневался, маялся Янька, оттого и огрызался. Ванька это сердцем чувствовал.

Ах, раньше бы, раньше!

На могиле постояли молча втроем – отец Борис, Борька Шелякин, Илюшка Коган, Илия, через деда своего не утративший веру праотцев иудейских, и Ваня, Ванька, потерявший единственного друга своего, осиротевший навсегда, потому что Янька был частью его самого.

Потом Ванька остался один. Долго стоял, спешить ему было некуда, уже начало темнеть, когда он собрался уходить, тихо перешептывались листья на деревьях, что-то жужжало, стрекотало, дятел стучал неподалеку, одна за другой вспыхивали звезды. На душе вдруг сделалось тихо, покойно, почти безмятежно. И показалось вдруг, что кто-то, склонив голову набок, благосклонно наблюдает за ними.

Жаль, что Янька этого не видит.

Елена КАРАКИНА. Мир без Олеши

Юрий Карлович Олеша писал: «Да здравствует мир без меня!». Нет, эта фраза вовсе не сродни пушкинскому просветленному, исполненному высокой гармонии: «И наши внуки, в добрый час, из мира вытеснят и нас!». Здесь другое, здесь мрачное отчаяние самоотрицания. Иногда создается впечатление, что Олеше не дано было умения быть счастливым. Одарен он был сверх меры, но другими дарами. А ведь быть счастливым тоже дар. Диоген был самодостаточен в своей бочке. «Отойди, не заслоняй мне солнце» – отвечал он Александру Македонскому в ответ на предложение просить у юного царя чего угодно. Впрочем, Олеша тоже мог бы сказать нечто подобное под настроение. Порой он представляется столь же одиноким, как Диоген, отгороженный сырыми и душными деревянными стенками бочки от остального мира. Он получал странное удовольствие, раздражая окружающих. И в этом есть какое-то необъяснимое противоречие, какой-то жуткий, вполне в духе героев Достоевского, надрыв души. Олеша временами был настоящим воплощением ехидного одессизма «стой там – иди сюда». Ведь Юрия Карловича любили. Он притягивал, он привлекал. И в то же время, отторгал. Как магнит, в котором антиподом полюса «плюс» является полюс «минус».

Одно время, еще здесь, в Одессе, до отъезда в Москву, Олеша был близко дружен с Эдуардом Багрицким. После – с Валентином Катаевым. Первая дружба рассыпалась, а вторая практически перешла во вражду.

Владимир Владимирович Маяковский отличал Юрия Карловича из всей компании одесских литераторов, завоевавших Москву, но Маяковский погиб. Долгой дружбы не вышло.

Один из одесских авторов, заставивших москвичей язвить по поводу того, что «исчезла русская литература, можно говорить лишь об одесской литературе», Илья Ильф в своих записных книжках беспощадно написал: «Сначала зависть его кормила, теперь она его гложет». Те, кто вначале был расположен к Олеше, через какое-то время теряли основания для дружбы и благожелательности. Обычно – по вине Юрия Карловича.

Кто неизменно и верно любил Олешу, так это дети. Очерк воспоминаний о писателе, написанный К.Г. Паустовским, начинается эпизодом, где одесские мальчишки несутся по улице с криками: «Юрий Олеша, вам депеша!». И это было не только потому, что Юрий Карлович написал чудесную сказку «Три толстяка». В нем было то, что в XIX веке звали «магнетизмом». Александра Ильф вспоминает, что общество этого человека было для нее невероятно притягательным. И не потому, что он, как добрый дедушка, раздавал детворе леденцы. Олеша и с детьми порой бывал не слишком добр. Мог погасить папиросу о руку ребёнка. Но рядом с Олешей жизнь начинала играть всеми гранями, всей палитрой красок. Вокруг него возникала атмосфера волшебства. Он бывал добрым волшебником, бывал и злым.

Скверно то, что довелось волшебнику жить в такое время и в такой стране, где любое колдовство натыкалась на ворожбу государства, куда более мощную, нежели колдовство одного маленького, пусть даже и очень одаренного человека. И маленький маг априори был обречен на проигрыш.

Художник должен преодолевать сопротивление материала, в данном случае – слова. Художник должен преодолевать самого себя, свои несчастья – от элементарной лени до смертельной болезни, от уязвленного хлестким словом самолюбия до отвергнутой любви. Художник должен преодолевать время. И, вдобавок к этому, еще и сопротивляться огромной, страшной махине государственной идеологии со всеми ее застенками, лабиринтами и смертельными ловушками демагогии. Да возможно ли это?

Да, оказывается, возможно. Это доказывают нам книги Юрия Карловича. Они – шедевры реализации одаренности. Живое свидетельство всепобедительности Б-жьего дара.

Олеша – самый «нечитаемый» на сегодняшний день из одесской литературной плеяды. В его текстах нет ничего такого, что могло бы стать насущным, движущим или утешающим наше время. В них нет добротной уютности и достоверности описаний Валентина Катаева, острой меткости замечаний Ильи Ильфа и Евгения Петрова, изящества и простоты ранней Веры Инбер, глубины и сочной мудрости Исаака Бабеля, щемящей романтической победительности Эдуарда Багрицкого. (Опустим печальный факт, что сегодня вообще мало кто мало кого читает, а поскольку ранняя Инбер и Багрицкий писали стихи, их не читают вовсе. Но это так, к слову.) Все равно поют «Девушку из Нагасаки» Веры Михайловны и «Контрабандистов» Эдуарда Георгиевича, вспоминают «кроссворды» «Алмазного венца» и Петю и Павлика из «Паруса» Валентина Петровича, очаровываются биндюжниками и бандитами Исаака Эммануиловича, романы же Ильи Арнольдовича и Евгения Петровича – самые цитируемые из всей отечественной литературы XX столетия.

И только Олеша – на отшибе. И довольно часто приходится слышать: «Пыталась прочесть ребенку «Трех толстяков», ребенок скучает, да я и сама не могу этого читать, слишком сложно, непонятно…».

Кто виноват в такой мини-рецензии? Глупый читатель? А если читатель не глуп? А если таких читателей – легион? Значит все-таки, автор виноват. Значит Юрий Олеша, со всеми его муками творчества, со всей его борьбой с собой, со словом, со временем, с государством – виноват. Проиграл. Его не в состоянии читать, даже те, кто намеревался прочесть. И можно сколько угодно раз повторять, что вся современная русская или, если угодно, русскоязычная литература – поздний Валентин Катаев, Василий Аксенов, прозаик Вознесенский, Галина Улицкая, вышли из олешинской прозы, читателя все равно это не убедит. «Это читать невозможно. Непонятно. Сложно. Скучно». – таков общий сегодняшний приговор лучшим произведениям из творческого наследия Юрия Олеши

«Лучших» произведений совсем немного. Хотя писатель все отпущенные ему на жизнь шестьдесят лет постоянно занимался литературным трудом, много времени ушло на подработки, на «халтуру» ради гонорара. На сценарии для мультфильмов, радиопьесы, инсценировки, на фельетоны, очерки, статьи, литобработки и литпереработки, которыми Олеша, по материальным и конъюнктурным причинам, вынужден был заниматься. В результате в несиюминутной литературе остались от него, рыцаря и короля метафоры, мага и волшебника фразы лишь роман «Зависть», сказка «Три толстяка» и несколько безупречных рассказов. Да еще книга эссе-мемуаров «Ни дня без строчки», вышедшая в полном, не урезанном варианте много лет спустя после смерти писателя «Книгой прощания». Остальное – барахло. Пестрый литературный мусор. Поденщина, оброк, издержки профессии.

Приходится констатировать, что именно издержкам профессии Олеша был обязан началом популярности его как литератора в 1920-х годах. До отъезда из Одессы, до 1917 года он писал стихи и романтические драмы, приносившие ему сумасшедший успех среди гимназисток и курсисток. После 1921г., после отъезда в Харьков, а затем, в Москву, ему принесли известность фельетоны, публиковавшиеся в отраслевой железнодорожной газете «Гудок» и подписанные псевдонимом «Зубило». Наверное, помимо прочих побудительных причин, лютая популярность и сумасшедшая известность придали автору смелости написать маленький шедевр о сказочной революции «Три толстяка» (1924), и проторили дорогу к созданию романа «Зависть» (1927). Роман был вскоре переведен на многие языки, послужил причиной многих защит докторских диссертаций и многих споров. Но все это было давно. Не стоит потрясать лаврами былой славы. Они покрыты пылью, они пожухли. Звук аплодисментов угас, рассеялся в мировом пространстве. Даже если они звучали чрезвычайно громко в театральном зале. Тогда, в конце 1920-х – начале 1930-х пьесы Олеши ставились на сцене МХАТ самим великим Станиславским!..

Впрочем, кого только К.С. Станиславский не ставил в то время, кто только не объявлялся прижизненным классиком. Так что постановка пьес Ю.К. Олеши великим реформатором театра – не признание особого дарования писателя, скорей рутинное правило. Его пьесы ставились наряду с пьесами множества других, не слишком интересных авторов, в 1920-1930-х провозглашенных лидерами советской литературы, со всеми их «разгромами», «брусками», «цементами» и прочими атрибутами социалистического разрушения и социалистического строительства.

После выхода на сцену пьес Юрия Карловича много воды утечет, прежде чем увидит свет новая, завладевшая умами и сердцами книга писателя – «Ни дня без строчки». А потом и ее очарование забудется и пройдет, и «Книга прощания» будет встречена без оваций, оцененная лишь немногими поклонниками творчества Олеши. Остальные же честно будут признаваться, что читать Олешу сложно и скучно. Означает же такое признание, что немногие шедевры мастера пора сдать на огромный, доверху забитый склад отжившей свой век литературы, и считать их всего лишь мелким фактом истории культуры XX столетия. Потому что, как гласит прописная истина, «нет плохих морей, а есть плохие капитаны», и, следовательно, нет плохих читателей, а есть плохие писатели.

Скудна была бы жизнь, если бы прописные истины были бы так же непреложны, как законы природы. Поэтому стоит согласиться с тем, что даже лучший из капитанов может сесть в лужу, а читатели – оказаться недостойными автора. Олеша, в своей гениальной, да-да не побоимся этого слова, гениальной прозе – великий поэт. Его фразу можно уподобить вселенной, сжатой в булавочную головку, в черную дыру, от которой можно ожидать каких угодно сюрпризов. Слишком она концентрирована, слишком насыщена и поэтому требует слишком большой работы души. Именно души, а не ума. Литература-то, прежде всего, обращается, во всяком случае, должна обращаться к этой малопонятной субстанции, именуемой душой. Сослаться быть может на Антуана де Сент-Экзюпери? На еще одну истину, которую можно назвать прописной? «Самого главного глазами не увидишь, зорко одно лишь сердце».

Проза Олеши обращена не разуму, к сердцу, к глазам сердца. Его мир – это мир уподобления, похожести всего на все, пришедший из такого раннего детства, о котором мы и думать позабыли. А ведь когда-то познавали не только неизвестное через известное, но и предмет через предмет. «Это что? – Мухомор. – На что он похож? – На божью коровку.». Листья деревьев имеют трефовую форму. Деревья встречают овацией. Позвоночник – камышина, удочка, бамбук. Оса – тигр. Бутон цветка – «туг, цилиндричен, похож на пулю». Деревянный стол – «морщинист». Гайка – «пушиста от ржавчины». Автомобиль – «не то Ф, не то Б, положенное на спину».

Выросши, мы закоснели в традиционном понимании природы

вещей и явлений. Сохранивший чудесный детский дар, Олеша возвращает нам первичное видение. Но оно сегодня не нужно. Не время нынче для поэзии, время для бухгалтерии. Дети взрослеют быстро, а взрослым как-то не к лицу впадать в детство. И сложности мироздания, его полюса, его «стой там – иди сюда», нам ни к чему. Нам бы, как говорил герой Высоцкого «только до получки бы дотянуть». Хотя быть может, жизнь не так уж сильно изменилась? И сто пять лет тому назад, в одесском марте, когда родился Юрочка Олеша, взрослые тоже были заняты серьезными вещами и не видели, не хотели видеть того, что «дождь похож на спелые вишни».

Поэт явился в мир и понял, что в нем его поэтический дар никому особенно не нужен. Что мир и без него будет здравствовать. И современность согласна с ним. Но не стоит доверять этой чересчур уж пессимистической позиции. Спираль сделает еще один виток, и станет ясно, что сдавать книги Олеши на склад отжившей литературы так же нелепо, как, умирая от голода, отталкивать руку, протягивающую тебе хлеб. Кто поспорит с тем, что «душа обязана трудиться»? Олеша в своей прозе и дарит этот «высокий труд души». Не похоже, чтобы от этого дара можно было легко отказаться. Даже если пользоваться им бывает сложно.

Владислав КИТИК. Ещё не осень…

АВГУСТОВСКОЕ

Еще не осень, но уже не лето,
А приворота два — в одном флаконе.
Явился август царственный, как вето.
Как время года, а не межсезонье.

Представив стаям, сделает авгуром,
Лишив поблажек, сблизит с мудрецами,
Повергнет образ мыслей в редактуру,
Чтоб мыслить, ничего не отрицая.

Вот он ступил на «зебру» аллегорий,
И дал добро к началу перехода.
И голубыми кляксами цикорий
Отвел от глаз возможность антипода.

Немного осень и немного лето, –
Он, глядя в перспективу, чинит платье.
И, начеканив медные монеты,
За чуткость ранним увяданьем платит.

* * *

Скрип открываемых ветром ворот,
Колья ограды на страже запретов.
Лето — без меж. Но проходит и это,
Думая, что никогда не пройдёт.

А листопад уже сводит с ума,
Блажью, сквозным потрясением, вспышкой.
Как заклинанье, на листьях кайма
Медью чеканена. И передышки

Сколько б ни чаялся, не дает
Осень лишь стрелки назад переводит.
Так говорится, что время идет,
А посмотреть: не прощаясь, уходит.

Что остаётся? Немое кино
Памяти, — дальше смотреть без тапёра, —
Далью намоленное окно,
Письменный стол со всегдашним укором,

Карего чая спадающий зной,
И с уплывающей в лодочке утлой
Паузой — игры в гляделки с Луной,
Где все равно побеждаешь под утро.

* * *

Пусть будет завтра, входят в обиход
Стресс новизны, фигурные репризы,
Венки сонетов, призраки свобод,
Почтовых птиц манящие карнизы!

Пускай от ветра с дерзостью блатной
Подол волны из кружев будет задран,
Но, выпив чай с лимонною луной,
Взрослеет ночь, перерастая в завтра.

Да будет день! Ершистый, как стерня.
Дозор атлантов, не сменивших облик,
Приморских кранов грузная возня,
Вне злобы дня — воспоминаний оклик.

Пожав плечами, остаются пусть
Флешмоб вокзала, расторопность будок
В рассвете том, которого дождусь
И буду, если вдруг меня не будет.

Сквозь форс-мажор из книжек записных,
В душе отвоевав, отсумасбродив,
Пусть просочится в утро каждый стих
Простой и светлый по своей природе.

* * *

Ночь осыплет звёзды — только задень, -
На секреты поцелуйной скамьи.
На досужую сверчков дребедень,
Не дающую побыть в забытьи.

Дверь плечом упрется в чёрный засов,
Завертит над лампой шар комарьё,
Я на стук твоих ночных каблучков,
Невзначай открою сердце своё.

Переулок, битый шашелем лет,
Где мгновения клюют сизари.

— Что нас дальше ждёт? — спрошу, а в ответ:
— Проживи здесь жизнь и сам посмотри.

Каждый раз, когда не спится, я — там,
Но завидовать себе не велишь
Опускающимся с неба домам
Под седыми парашютами крыш.

Мы искали здесь с тобой маков цвет,
Приходили здесь любить тишину.
Переулок мой, которого нет.
Загляну в его глаза — и тону.

* * *
У города на каменном лице
Не видно прежней радостной улыбки,
Как будто роль ведущей первой скрипки
Играет барабан.
 Зато в конце

Квартала, где «чумак» * уткнулся в высь,
И флюгер вторит пению уключин, –
Там детство и отечество слились,
Переплелись и стали неразлучны.

Я б всё оставил, чтобы жить с тобой,
Когда б не здесь была моя планида,
Когда б весну не выдумал прибой,
Чтобы дурачить удочкой ставриду,

Не дом, – хоть ты в нем больше не живешь, –
Где расцветает кактус на окошке,
А воробей веснушчатые крошки
Ворует, как пронырливый Гаврош.

Когда б туда стальная колея
Не уводила лунною дорожкой,
Где на ходу запрыгнув на подножку,
Вослед мне машет молодость моя.

_____
*«Чумак» – дерево-дичок

Юлия МЕЛЬНИК. Пожалей это дерево

* * *

Ждать солнечного дня, холодный дождь прощая,
Терпением ветвей, промокшей птицей стать...
Ненастный этот миг всей кожей ощущая,
О солнечном луче мечтать не перестать.

Ждать солнечного дня, как ждут письма от друга
В конверте тишины, в сияньи золотом.
Трепещет лёгкий лист, как будто от испуга,
И машет дождь - лиса мерцающим хвостом.

Он прост и неказист, он щедр и безрассуден,
Холодный этот дождь, внезапный этот дождь...
Ждать солнечного дня, как праздника средь буден,
Превозмогая грусть, превозмогая дрожь.

* * *

Самое время для кошек – гулять по крышам,
Но не гуляют кошки – сирены воют...
Кошки,ты знаешь,такое могут расслышать -
Как чьей-то сердце стучится, как раны ноют.

Кошки, ты знаешь, глазасты не понарошку,
Видят насквозь – и не только в полночном мире...
Я и сама иногда превращаюсь в кошку,
Если одна слишком долго сижу в квартире.

Умные по циферблату гуляют стрелки,
Глупые где-то в подвале резвятся мыши...
Пусть только в мире закончатся перестрелки,
И загуляют кошки, выйдя на крыши.

Нежный, шершавый язык молоко лакает,
В детской ручонке зажат тонкий луч весенний,
Пусть поскорее раскается злобный Каин,
Пусть будет вербным Вербное Воскресенье!

Пусть серый ослик идёт и поют: "Осанна!"
Вдруг поняла я, проснувшись, отведав хлеба:
Я не хочу быть святой, быть любимой самой,
Просто хочу просыпаться под мирным небом.

* * *

Пожалей это дерево. Может, ему сто лет,
И устало оно видеть наши дела земные...
Ты уходишь, оно тихо смотрит тебе вослед,
По-иному мечтает, молчит, видит сны иные.

Пожалей это дерево – чадо чужой земли,
Погляди, как листва его дышит и счастья просит...
Сторожит его солнечный Бог, что живёт вдали,
И спасает его, а, быть может, и нас не бросит.

Пожалей это дерево, с нежностью мудреца
Проведи по коре – по шершавой щеке – рукою,
Разреши себе тоже – расти и не знать конца,
Проливая с ветвей негу света и дождь покоя.

* * *

Заиграет ветер на шарманке
Свой извечный, колдовской мотив,
К солнцу, как к раскрошенной буханке,
Подлетает голубь, клюв раскрыв.

Он хватает золотые крошки,
В облаках выискивая снедь...
От невзгод, от судеб нехороших
Мы за ним пытаемся взлететь.

Что мне делать, если не по росту
Крылья голубиные его?
Небеса глядят светло и просто,
И не отвечают ничего.

* * *

Когда рассеется туман,
Увижу мир, как на ладони:
Вот дома дальнего стена,
Вот солнце на крыле вороньем.

Увижу тень, увижу свет,
Увижу блёстки золотые,
Увижу, как глядит рассвет
На точки и на запятые.

Когда рассеется тоска,
Пусть с тополей летят сережки,
Пусть жизнь лежит, как горсть песка,
На детской, крошечной ладошке.

Пусть жизнь ракушкою витой
На кромке моря замирает,
И, кроме Бога, пусть никто
Ее у нас не отбирает.

* * *

Как тихо может быть в доме, когда слова
Уже отзвучали, и ночь крадётся по крышам,
И дождь в наши окна стучится едва-едва,
И даже привычные мысли звучат все тише.

По небу душа вороного ведёт коня,
И не в унисон чьи-то песни – лихие слишком...
Пожалуйста, если сумеешь, расслышь меня,
Не может быть в мире таком тишины с излишком.

И кто-то пойдет отвоевывать тишину
От черных снарядов, закрыв полнеба плечами,
А мы – мы вернёмся обратно в свою страну
Расслышать, как может быть тихо в доме ночами.

* * *

Не живёт в мире солнечном дерево без корней,
Если вглубь не расти, в шатком мире не удержаться...
Коротки наши корни, мы сохнем – по чьей вине?
Надо веки сомкнуть и покрепче к земле прижаться.

И тогда ты поймёшь, и тогда ты начнёшь расти,
И свой дом обретёшь в разговорчивом мире птичьем...
Ты лишь сделал глоток, твои корни ещё в пути,
Не постигнуть тебе тишины, не познать величья.

Так шагни же в ту тайную дверь, что всегда с тобой,
И останься один – под морщинистою корою.
И земля станет пядь за пядью твоей судьбой,
И замрут суета и обид недовольный ропот.

Евгений ГОЛУБОВСКИЙ. Виктор Некрасов

Виктор Платонович Некрасов был мне кажется первым писателем, кто без патетики , правдиво написал о Великой Отечественной войне. И до сих пор его книга «В окопах Сталинграда» у меня в первом ряду на книжных полках.

Я обрадовался, когда литературовед Александр Парнис сказал мне, что нашел в архиве воспоминания Некрасова об Одессе. Когда-то мы их опубликовали в нашем альманахе. Сегодня знакомлю своих читателей. Зарисовка веселая, шутливая, теплая.

Виктор Некрасов

СОРОК ЛЕТ СО ДНЯ ОСВОБОЖДЕНИЯ ОДЕССЫ

10 апреля 1944 года войска 3-го Украинского фронта под командованием генерала армии Малиновского ночным штурмом при содействии партизан овладели крупным морским портом и железнодорожным узлом городом Одесса. Так звучало очередное сообщение Совинформбюро.

В ночном штурме я не участвовал и не очень уверен, что он был, но в какой-то степени в освобождении крупного морского порта и железнодорожного узла участие принимал.

В то солнечное весеннее утро я вступил на Дерибасовскую и Ришельевскую не в первый раз. Бывал в Одессе и раньше. Относился к ней, как истый киевлянин, естественно, с определенным предубеждением. Киев и Одесса спокон веков если и не враждовали, то соперничали. Каждый считал себя выше другого. "У нас море! – хвастались одесситы. – Лучшее в мире Черное море!" – "А у нас Днепр, – парировали киевляне, – воспетый еще Гоголем, с лучшим в мире речным пляжем. А Крещатик? Чего стоит один Крещатик?" – "Ха-ха, – переглядывались одесситы, – Крещатик... А вы были когда-нибудь на Дерибасовской? Нет? Тогда молчите...

А наш Оперный театр? Второй в мире после венского. А? А Бабель, Багрицкий, Катаев, Ильф и Петров – все они одесситы..." – "И Паустовский и Булгаков тоже одесситы? – иронизировали киевляне. – И вообще, мы мать городов русских..."

Споры эти продолжаются до сих пор, хотя Одесса давно уже потеряла свой вольный, бени-криковский, остап-бендеровский дух, а Киев, став столицей, во многом обогнал провинциальную Одессу.

Мне повезло, я еще застал нэповскую Одессу. Но, будучи мальчишкой, не мог, к сожалению, пользоваться истинными ее благами – в рестораны и всякие там рулетки ходу мне не было, приходилось ограничиваться киношками и пляжами.

К величайшему же нашему, освободителей, удивлению и, добавим, радости, апрельская сорок четвертого года Одесса встретила нас духом забытого прошлого – бесчисленным количеством "бодег", иными словами, кабаков. И скажем прямо, мы не так уж старательно их обходили.

Одесса оккупирована была не немцами, а румынами – только последние недели хозяйничали в ней немцы – и, как с присущим им юмором утверждали одесситы, морально было, конечно, тяжеловато, но жить было можно. Они ж не фашисты, они элементарные жулики и спекулянты, эти румыны. Воевать не любят и не умеют, а вот спереть, что плохо лежит, большие специалисты. Нет, не грабили, воровали. И, вообще, не злые. Детей любили, конфетки давали.

Особенно нас поразило, когда мы вошли в Одессу, это обилие молодых здоровых ребят. За прилавками крохотных магазинчиков, у стоек тех самых бодег-кабаков, да и просто без дела валандающихся по улицам. Всех их на третий-четвертый день взяли в армию, и кое-кто из них впоследствии не так уж плохо воевал.

Военные историки утверждают, что так называемая Одесская операция 1944 года длилась с 26 марта по 14 апреля, иными словами, почти три недели. Нам же, освободителям, казалось, что каких-нибудь два-три дня.

За почти три года войны мы отвыкли от городов – после сталинградских слепых блиндажей нам украинские хаты казались хоромами, а деревенские сало, молоко и сметана – лукулловским угощением, – здесь же, в Одессе, хитроглазые одесситы в своих бодегах угощали нас настоящей копченой колбасой, голландским сыром и свежей, хрустящей арнауткой, вкус которой мы давно уже забыли. Был, конечно, и кофе. О других напитках, покрепче, не говорю уже. Благодаря им-то три недели и показались нам тремя днями.

Кстати, о кофе. К моменту, когда мы, наконец, обнаружили друг друга, после второй бодеги мой славный 88-й Гвардейский саперный батальон расползся по всему городу, и даже исполнительный начштаба Щербаков не в силах был его собрать – так вот, когда потерявший меня верный мой Валега обнаружил меня спящим на какой-то пустой даче, он, малость поворчав, доложил все же:

– Слыхал я, товарищ капитан, что вы любитель кофе. Так вот, нашел я у немцев целый мешок этого самого кофе. Если хотите, могу сварить.

– Свари, свари, Валега, люблю.

И он пошел варить. Варил что-то очень долго.

– Ну, как у тебя там кофе? Долго еще?

Он растерянно развел руками.

– Варю, варю, товарищ капитан, а оно никак не разваривается.

Оказывается, милый мой оруженосец усиленно варил в своем

котелке не молотый кофе, а в зернах...

– Кто ж его знал, – ворчал он зло, раздосадованный. – В первый раз ведь вижу. Иди догадайся....

Много смеха вызвал и сухой лимонад, в порошке. Солдаты обнаружили целый вагон, набитый какими-то бумажными пакетиками. Не раздумывая, высыпали содержимое, желтый порошок, в свои пасти. И порошок запенился. Только потом кто-то догадался, что его надо в воду и размешать.

– А что если яд? – орал на них все тот же Щербаков. – Порошки жрут, гады. Видишь в первый раз – спроси. Нет, сразу же в глотку...

Кроме вагона с лимонадом и кофе обнаружен был и шоколад, и какао, и мясные консервы, короче, когда всех удалось в конце концов собрать, у каждого солдата за спиной или в руках был сидор величиной с дом, и не расставались они с ними, потом уж пополняемыми в селах, до самого Днестра, куда мы пришли только в начале мая.

Ну, а Одесса, сама Одесса, какое она на нас произвела впечатление?

Прекрасное! И не только из-за бодег. Город почти не разрушен, так, две-три случайные развалины, оперный театр – тот самый, второй после венского – на месте, Дерибасовская полна жизни, на Приморском, ныне Фельдмана, бульваре бабы торгуют настоящими длинными калеными семечками "конский зуб" и копченой скумбрией "качалкой" – теперь, через сорок лет, нигде ее не найдешь, – ну и море, ах, Черное море, хор-ро-шее море!

В первый же день я заставил весь батальон, ну не весь, половину, раздеться и ринуться в него. Холодное еще, но сколько радости, сколько веселья, сколько солдатского хохота вызвало оно, это Черное, действительно хорошее море.

Ну, а потом ринулись согреваться...

Вот так и освободили мы Одессу. Приятно вспомнить.

АВТОРЫ

Лев АЛЬТМАРК. Родился в 1953 году в российском городе Брянске. После окончания Института транспортного машиностроения работал инженером, учителем, журналистом. В 1990 году поступил в Литературный институт им. Горького на семинар А.И. Приставкина. После окончания института в 1995 году переехал в Израиль, где и живёт в г. Беер-Шеве. Первая подборка стихов опубликована в альманахе Брянской писательской организации, затем повесть «Стукач» в тульском альманахе «Ясная поляна» в 1992 году. После этого – публикации в журналах «Юность», «Дружба народов», «Нева», «Новый Ренесанс», «Российский колокол», «Литературный Крым», «Бульвар Ротшильда», в альманахах «Созвучие муз», «Золотое руно», «Российский колокол», «Русский стиль», «Арфа Давида», «Без границ», «День поэзии 2015», «Крестовый перевал», «Под небом Грузии» и т.д. Лауреат премии нью-йоркского «Нового журнала» за 2020 год, лауреат Литературной премии им. Ю. Нагибина Израильского союза писателей за 2021 год. Первую книгу выпустил в 1999 году. К сегодняшнему дню выпустил одиннадцать поэтических сборников и двадцать одну книгу прозы (включая переводы и переиздания). Был участником литературных фестивалей в Македонии, Хорватии, Великобритании, Германии, Грузии и Израиле, книжных ярмарок в Иерусалиме и Лейпциге. Являюсь членом Союза писателей Израиля и Иерусалимского союза писателей.

Ефим БЕРШИН Поэт, прозаик, публицист. Родился в Тирасполе. Живёт в Москве. Автор пяти книг стихов, двух романов и документальной повести о войне в Приднестровье «Дикое поле». Произведения Бершина печатались в «Литературной газете», журналах «Новый мир», «Дружба народов», «Континент», «Стрелец», «Юность», антологии русской поэзии «Строфы века» и проч.;многие его стихи переведены на иностранные языки. Работал в «Литературной газете», вёл поэтическую страницу в газете «Советский цирк», где впервые были опубликованы многие неофициальные   поэты.

Владимир ГАНДЕЛЬСМАН. Родился в Ленинграде, закончил электротехнический вуз, работал кочегаром, сторожем, гидом, грузчиком и т. д. С 1991 года живет в Нью-Йорке и Санкт-Петербурге. Поэт и переводчик, автор пятнадцати поэтических сборников. Переводил Шекспира, Льюиса Кэррола, Уоллеса Стивенса, Томаса Венцлову и др. Лауреат

«Русской премии» (2008) и премии «Московский счет» (2011). Евгений ГОЛУБОВСКИЙ. Журналист, составитель и комментатор многих книг, связанных с историей, культурой Одессы. Родился в 1936 году в Одессе. В штате газет «Комсомольская искра», затем «Вечерняя Одесса» работал с 1965 года. Вице-президент Всемирного клуба одесситов (президент Михаил Жванецкий). 15 лет редактор газеты клуба «Всемирные Одесские новости», последние пять лет одновременно заместитель редактора историко-краеведческого и литературно-художественного альманаха «Дерибасовская-Ришельевская». Лауреат журналистских премий.

Александр ЕВСЮКОВ. Прозаик, критик. Родился в 1982 году в городе Щёкино Тульской области. Выпускник Литинститута им. А.М. Горького. Публикации прозы, стихов и критики в журналах «Дружба народов», «Октябрь», «Роман-газета», «День и Ночь», «Наш современник», «Нева», «HomoLegens» и др.; сборниках прозы и критики издательств «Эксмо», «Книговек», «Никея»; газетах «Литературная газета», «Литературная Россия», «Русскоязычная Америка», «Вечерняя Москва». Проза переведена на итальянский, армянский, болгарский, польский, татарский, турецкий и якутский языки. Победитель российско-итальянской премии «Радуга» (2016); победитель и лауреат премии «В поисках Правды и Справедливости» (2018, 2021, 2022); Первого международного литературного Тургеневского конкурса «Бежин луг» (2018); Всероссийской премии им. В. П. Астафьева (2020), Международной литературной премии «ДИАС» им. Диаса Валеева (2022). Автор книг прозы «Контур легенды» (2017) и «Караим» (2020), «Двенадцать сторон света» (2021) и сборника критики «Принцип действия» (2022). Живёт в Москве.

Виктор ЕСИПОВ родился в Москве. В 1961 году окончил Калининградский технический институт, до 2004 года работал в Москве на различных инженерных должностях. С 2006 года – старший научный сотрудник ИМЛИ РАН. Литературовед, историк литературы, поэт, прозаик. Автор пяти книг о Пушкине и поэзии XX века, книги воспоминаний «Об утраченном времени» и трех поэтических книг. Составитель и комментатор книг Василия Аксенова, выходивших после смерти писателя в московских издательствах «Эксмо», «Астрель», «АСТ» в 2012 - 2017 годах, автор книги «Четыре жизни Василия Аксенова» (М.: «Рипол-Классик», 2016)».

Мария ЗАТОНСКАЯ. Поэт, член Союза писателей России. Живёт в Саратове. Дипломант и лауреат Международного литературного фестиваля-конкурса «Русский Гофман» 2018, 2019, 2020гг., победитель Национальной премии «Русские рифмы», 2019, победитель Международной литературной премии им.Анненского, 2021, победитель семинара поэзии А.Алёхина студии Изд-ва «СТиХИ», 2021. Редактор отдела поэзии передачи «Пролиткульт» на «Литературном радио». Участник XVIII ежегодных Семинаров молодых писателей СПМ, 2018 год; Участник Ежегодного Всероссийского Совещания молодых литераторов СПР, 2019, 2020, 2021; Стипендиат XIX и XX Форумов молодых писателей России, стран СНГ и зарубежья, 2019, 2020; Участник Всероссийских Школ писательского мастерства (семинар журнала «Знамя», 2020, семинар журнала «Звезда», 2021). Публикации: ж. «Арион» (№1, 2018), ж. «Нева» (№1, 2019; №1, 2020), ж. «Кольцо А» (№124, 2019), портал «Textura» (апрель 2019), «Литературная газета» (№37, 2019), ж. «Волга XXI век» (№9-10, 2019), ж. «Менестрель» (№12, 2019, №14, 2020), альманах «День Поэзии» 2018-2019, ж. «Знамя» (№7, 2020), ж. «Нижний Новгород», (№4, 2020), ж. «Интерпоэзия» (№3, 2020), «Литературная Россия» (критическая статья «Что останется после тела», №21, 2021), ж. «Дети Ра» (№5, 2021), ж. «Наш современник» (№8, 2021), ж. «Зинзивер», (№5, 2021), ж. «Звезда» (№11, 2021), ж. «Новая юность» (№1, 2022), ж. «Урал» (№3, 2022). Автор книг стихов: «Дом с птицами» (М., «Эксмо», 2020), «Миниатюры» (М., «СТиХИ», 2021)

Вера ЗУБАРЕВА, Ph.D. Пенсильванского университета. Родилась в Одессе, проживает в Филадельфии. Автор литературоведческих монографий, книг поэзии и прозы. Публикуется на русском и английском языках. Главный редактор журнала «Гостиная», президент проекта «Русское Безрубежье». Первый лауреат Международной премии им. Беллы Ахмадулиной, лауреат Муниципальной премии им. Константина Паустовского и других международных литературных премий. Публикации в российских, американских и др. журналах.

Елена КАРАКИНА. Родилась, выросла и живет в Одессе. Закончила филфак ОГУ. С 1982 г. служит в Одесском литературном музее, где проделала головокружительную карьеру, пройдя по всем ступеням музейных должностей от коменданта до ученого секретаря. С 1995 по 2005 еженедельно писала полосу для одной из двух одесских еврейских газет, не считая прочих статей, публиковавшихся в газетах и журналах Одессы, Москвы, Киева, Берлина. Автор книг «Дом с ангелом», Од., 2001, об Одесском детском медико-реабилитационном центре, путеводителя «Прогулки по Одессе», Киев, 2003, соавтор альбома «Рассказы о музее», Од., 2000. Верит в добрых фей, поэтому до сих пор считает Одессу лучшим городом Земли, а Литературный музей – лучшим местом Одессы.

Влад КИТИК. Владислав Китик. Живет в Одессе. Образование высшее мореходное и филологическое. В прошлом моряк, сменил ряд профессий. Последние 30 лет на журналистской работе. Публикации — в журналах, альманахах, интернет-изданиях. Выпустил шесть стихотворных сборников. Дипломант премии им. М. Кириенко-Волошина (Киев). Лауреат муниципальной премии им. К. Паустовского.

Марина КУДИМОВА. Родилась в Тамбове. Начала печататься в 1969 году в тамбовской газете «Комсомольское знамя». В 1973 году окончила Тамбовский педагогический институт (ТГУ им. Г. Р. Державина). Книги Кудимовой: «Перечень причин» вышла в 1982 году, за ней последовали «Чуть что» (1987), «Область» (1989), «Арысь-поле» (1990). В 90-е годы прошлого века Марина Кудимова публиковала стихи практически во всех выходящих журналах и альманахах. Переводила поэтов Грузии и народов России. Произведения Марины Кудимовой переведены на английский, грузинский, датский языки. С 2001 на протяжении многих лет Марина Кудимова была председателем жюри проекта «Илья-премия». В рамках этого проекта Кудимова «открыла» российским читателям таких поэтов, как Анна Павловская из Минска, Екатерина Цыпаева из Алатыря (Чувашия), Павел Чечёткин из Перми, Вячеслав Тюрин из бамовского поселка в Иркутской области, Иван Клиновой из Красноярска и др. Собрала больше миллиона подписей в защиту величайшего из русских святых – преподобного Сергия Радонежского, и город с 600-летней историей снова стал Сергиевым Посадом. Лауреат премии им. Маяковского (1982), премии журнала «Новый мир» (2000). За интеллектуальную эссеистику, посвящённую острым литературно-эстетическим и социальным проблемам, Марина

Кудимова по итогам 2010 удостоена премии имени Антона Дельвига. В 2011 году, после более чем двадцатилетнего перерыва, Марина Кудимова выпустила книгу стихотворений «Черёд» и книгу малых поэм «Целый Божий день».Стихи Кудимовой включены практически во все российские и зарубежные антологии русской поэзии XX века.

Елена ЛИТИНСКАЯ. Родилась и выросла в Москве. Окончила славянское отделение филологического факультета МГУ имени Ломоносова. Занималась поэтическим переводом с чешского. В 1979 эмигрировала в США. В Нью-Йорке получила степень магистра по информатике и библиотечному делу. Проработала 30 лет в Бруклинской публичной библиотеке. Издала 10 книг стихов и прозы: «Монолог последнего снега» (1992), «В поисках себя» (2002), «На канале» (2008), «Сквозь временну́ю отдаленность» (2011), «От Спиридоновки до Шипсхед-Бея» (2013), «Игры с музами» (2015), «Женщина в свободном пространстве» (2016), «Записки библиотекаря» (2016), «Экстрасенсорика любви» (2017), «Семь дней в Харбине и другие истории» (2018). Стихи, рассказы, повести, очерки, переводы и критические статьи Елены можно найти в «Журнальном зале», периодических изданиях, сборниках и альманахах США и Европы. Елена – лауреат и призёр нескольких международных литературных конкурсов. Живет в Нью-Йорке. Она заместитель главного редактора литературного журнала «Гостиная» gostinaya.net и вице-президент Объединения русских литераторов Америки ОРЛИТА.

Юлия МЕЛЬНИК. Проживает в Одессе. Поэт, прозаик. Член Одесской областной организации Конгресса литераторов Украины (Южнорусский Союз Писателей). Закончила Южно-Украинский педагогический университет и работает преподавателем английского языка. Стихи пишет с детства. Также любит путешествия и все интересное, что происходит в дороге. Самое интересное превращается в стихи. Иногда в прозу. Очень любит море, особенно необжитое, без следов цивилизации. Публиковалась в Одесской антологии поэзии «Кайнозойские Сумерки» (2008), коллективном поэтическом сборнике «Где небо сливается с морем...», альманахах «Меценат и Мир. Одесские страницы» (Москва), «Дерибасовская – Ришельевская», «ОМК», «Звукоряд», «Провинция», альманахе Международного фестиваля «Болдинская осень в Одессе» (2008, Лондон), журнале «Октябрь» (2005), интернет-журнале «Пролог» и др. Автор сборников стихотворений «Звонкие акварели» (2000) и «Ангел с саксофоном» (2004).

Олеся НИКОЛАЕВА. Родилась в Москве, окончила Литературный институт им. Горького, где сейчас ведет семинар поэзии. Профессор, автор 12 книг стихов, 4 книг эссеистики и 24 книг прозы. Лауреат многих премий – российских и зарубежных, в том числе – Национальной премии «Поэт».

Татьяна ОКОМЕНЮК. Филолог, публицист, прозаик. Автор девятнадцати книг художественной прозы, вышедших в Германии, США и России. Победитель множества международных литературных конкурсов. Обладатель звания «Золотое перо Руси». Публикуется в журналах, сборниках и литературных альманахах Германии, Франции, Бельгии, Греции, США, России, Израиля Чехии, Австрии, Латвии, Украины, Беларуси. Член Союза журналистов Германии. Живёт и работает во Франкфурте-на-Майне (Германия).

Рада ПОЛИЩУК. Писатель, журналист, член Союза Российских писателей, Союза писателей Москвы, Союза писателей ХХ1 века, Союза журналистов России, Русского ПЕН-центра. Издатель и главный редактор российско-израильского литературного альманаха еврейской культуры «ДИАЛОГ» (издается в Москве с 1996 года). Автор и руководитель проекта «Театр Рады Полищук» – моноспектакли, инсценировки по прозе и стихам, с участием артистов, музыкантов и вокалистов московских театров. Автор и ведущая литературной гостиной при первом Московском еврейском общинном доме (1995–2008). Ведущая (совместно с писательницей Ольгой Постниковой) литературной гостиной «ПРОчтение» Клуба писателей ЦДЛ и Союза писателей Москвы (с 2011 по настоящее время). Коренная москвичка. Окончила Московский авиационный институт. Писать начала в 1983 году. Первая публикация – в 1985-м, первая книга – в 1991-м: «Угол для бездомной собаки. Повесть о женщине в монологах», издательство «Советский писатель», Москва. Позже вышли еще шестнадцать книг прозы, многие из которых вошли в лонг- и шорт-листы разных литературных премий. Две книжки стихов «Мелким убористым почерком» и «Вечность люльку качает». Библиотечка Союза Писателей Москвы, 2011, 2012. Два диска с песнями, романсами на эти стихи «Миражи моей печали», альбом 1 (2011), 2 (2014). Композитор Эмилия Перль. Автор около ста публикаций прозы и стихов в различных журналах, альманахах, антологиях прозы ХХ и ХХ1века, сборниках в России и за рубежом (США, Израиль, Германия, Франция, Финляндия, Украина), а также поэтических подборок и множества журналистских публикаций в центральных российских и зарубежных изданиях.

Ирина РОДНЯНСКАЯ. Критик и публицист. Окончила Московский библиотечный институт. Печатается как критик с 1956 г. Автор книг "Социология контркультуры" (в соавторстве с Ю.Н.Давыдовым. 1980), "Художник в поисках истины" (1989). "Литературное семилетие" (1994), "Книжный сад" (1995), "Движение литературы" (2006), "Мысли о поэзии в нулевые годы" (2010). Автор статей о современной литературе, русской классике, русской философии Заведовала отделом критики журнала "Новый мир". Участвовала в создании знаменитой "Философской энциклопедии" вместе с Сергеем Аверинцевым, Ренатой Гальцевой, Юрием Поповым и другими. Лауреат премии Александра Солженицына за 2014 год. Входит в редколлегию журнала «Гостиная» (отдел критики).

Елена СЕВРЮГИНА Родилась в Туле. Живёт и работает в Москве. Кандидат филологических наук, доцент. Автор публикаций в областной и российской периодике, в том числе в журналах «Homo Legens», «Дети Ра», «Москва», «Молодая гвардия», «Южное Сияние», «Тропы», «Идель», «Графит», электронном журнале «Formasloff», на интернет-порталах «Сетевая Словесность» и «Textura», в интернет-альманахах «45-я параллель», «Твоя глава», газете «Поэтоград». Автор четырёх книг стихов: «Ожидание чуда» (1995), «Избранное» (2005), «Сказки для взрослых» (2014) и «По страницам моих фантазий» (2017). Выпускающий редактор интернет-альманаха «45-я параллель». Лауреат литературной премии «Эврика» (2006 год). Финалист премии «Поэт Года» (2020).

Игорь СИДОРОВ. Родился в Москве. Здесь же окончил школу, а в 1962 г. – Московский геолого-разведочный институт. Вся профессиональная деятельность связана с компьютерными информационными технологиями: сначала – в геологии, а с 1981 г. – в области культуры. С 1989 г. и по настоящее время – сотрудник Государственного музея изобразительных искусств имени А. С. Пушкина, администратор базы данных по коллекциям музея. С 1988 г. – член Пушкинской комиссии Института мировой литературы РАН. Имеет публикации в пушкиноведческих изданиях, посвященные вопросам биографии и творчества А. С. Пушкина. Один из составителей и редакторов «Хроники жизни и творчества А. С. Пушкина», издаваемой Институтом мировой литературы РАН. Издал два сборника стихов. За песню "Люди идут по свету", написанную на его стихи еще в институте Р. З. Ченборисовой, они были удостоены в 2006 г. Национальной общественной премии в области авторской песни «Благодарность».

Феликс ЧЕЧИК. Родился в 1961 году в городе Пинске (Беларусь). Окончил Литературный институт им. А.М. Горького, стажировался в институте славистики Кёльнского университета (проф. В. Казак). Автор шести поэтических книг и многочисленных журнальных публикаций. Лауреат «Русской премии» за 2011 год. С 1997 года живет в Израиле.

Даниил ЧКОНИЯ. Поэт, переводчик, литературный критик. уроженец Порт-Артура. Жил в Мариуполе, Тбилиси, Москве. С 1996 года – в Кёльне. Окончил Литературный институт им. М. Горького. Автор 11 книг стихов. В 2011 году – отмечен Специальным дипломом Русской премии «За вклад в развитие и сбережение традиций русской культуры за пределами Российской Федерации», в 2015 году – лауреат премии В. Сирина (Набокова), в 2016 – лауреат Русской премии в номинации «Поэзия» (диплом II степени). Член Союза писателей с 1976 года, ныне – член СП Москвы.